パリのすてきなおじさん

文と絵
金井真紀
案内
広岡裕児

柏書房

はじめに

「少年である僕がいるとする。僕は両親が押しつけてくる価値観や物の考え方に閉じこめられている。（中略）ある日ふらっとやってきて、両親の価値観に風穴をあけてくれる存在、それがおじさんなんです」

と、伊丹十三《いたみじゅうぞう》は言った。

あぁ、わたしが若かった頃、どれほどたくさんのおじさんがふらっとやってきて風穴をあけてくれたことか。親戚のおじさん、学校の先生、仕事場の先輩、飲み屋のマスター、旅先ですれちがったおっちゃん……。

わたしはとりわけ風穴を欲するタイプだったのだろう。「このおじさんのはなしを聞いたらおもしろそう」という勘がよくはたらいた。経験を積めば積むほど、「選おじさん眼」は磨かれた。気づいたらわたしは無類のおじさんコレクターになっていた。いまでは自分もおばさんだから、コレクションには年下のおじさんまでずらりと取り揃えている。

本書は、パリ在住四十年のジャーナリスト・広岡裕児《ひろおかゆうじ》おじさんと一緒に作った。初めて会ったのは一年ほど前。その夜、鴨《かも》料理を食べながら広岡さんは言った。

「ぼくの商売道具は好奇心」

おぉ、なんという名言。わたしも、そういうふうに仕事をしたい。

何度目かに会ったとき、本を作ろうと盛り上がった。パリの路地のすみずみまでを知っている広岡さんと、どんな本を作って遊ぼうか。パリの歴史？　パリの街案内？　うん、それもいいが……。

「パリのおじさん！」

ひらめいた。パリでおじさんを集めよう。

商売道具である好奇心、と広岡さんが自在に操るフランス語、とわたしの選おじさん眼。この三本の矢を携《たずさ》えて、パリの街を歩きまわり、おもしろいはなしをしてくれそうなおじさんを探した。二週間の取材で、集めたおじさんは六十七人（だったと思う）。ボールを蹴るおじさん、ギターを弾くおじさん、古本を愛するおじさん……。下は二十五歳（自称）から、上は九十二歳まで。肌の色も宗教も支持政党も性的指向も、てんでばらばら。どうやら世界は、思っているよりずっと込み入っていて、味わい深いようだ。

集めてきたおじさんを謹《つつし》んで陳列する。ひとりひとり味わっていただけたら幸いである。

金井真紀《かないまき》

はじめに　金井真紀　002

1

おしゃれなおじさん　007

白と黒にこだわる絵描き　008／イタリアに通う弁護士　012
十着しか服を持たない男　016／アフリカ人街のかつら屋　020
LGBTセンターのボランティア　024
◇解説〈アルジェリアとフランス〉……031
◇ちょっと寄り道1　カルチェ・ラタンの古本屋……034

2

アートなおじさん　043

旅するギター作家　044／下町の彫金師　048
小劇場の喜劇役者　056／モンマルトルの老画家　060
◇ちょっと寄り道2　フリーメイソン博物館……070

3 おいしいおじさん 079

元マーケターのワイン屋 080 ／ 老舗クスクス屋の店主 086

◇解説〈フランスのイスラム教徒〉……091

星付きレストランのシェフ 092 ／ カレー屋街のタミル人 098

◇ちょっと寄り道3 パリの地下散歩……106

4 あそぶおじさん 115

ボールを蹴るベルベル人 116 ／ PSGファンが集まるバーの店主 124

カフェで出会った競馬の達人 132 ／ パリ在住四十年の日本人ジャーナリスト 136

競馬場に通う元警官 138

◇ちょっと寄り道4 大統領選挙、候補者集会めぐり……146

5 はたらくおじさん 151

マリの出稼ぎコンシェルジュ 152 ／ アラブのお菓子を売るユダヤ人 158
ポルトガルから来た塗装工 164 ／ 中国・青田出身の出版人 168
◇解説〈移民・難民・そして子どもたち〉……174
◇ちょっと寄り道5 同時多発テロの現場へ……178

6 いまを生きるおじさん 183

「隠れた子ども」だった人 184 ／ 難民申請中のスーダン人 200
難民支援団体の事務局長 208 ／ イラクから逃げてきたクルド人 214
大衆紙「パリジャン」の記者 224 ／ 癌の研究をしていたベトナム人 228
◇ちょっと寄り道6 泡沫候補！……238

取材後記 広岡裕児 244 ／ あとがき 金井真紀 248

1

おしゃれな
おじさん

食べるためにピアノを弾き、悲しみを癒すために絵を描く。

――イヴ・ロージン

パリのおじさんはみんなおしゃれだろう。というのはわたしの勝手な先入観だった。道ゆくおじさんで、「お！」と目を引く人はめったにいない。そのめったにいないなかのひとりが、このおじさんだった。日暮れまで間《ま》がある気持ちのいい午後の路地を、高級そうなチビ犬を連れて颯爽《さっそう》と歩いてきた。その姿に目をとめたわたしと広岡さんは、目配せしてうなずき合い、声をかけた。

「ボンジュール、よかったらお茶でも」

って、これじゃあナンパだ。ちょうど目の前におあつらえ向きのカフェがあり、ナンパはまんまと成功した。

白と黒にこだわる絵描き

イヴ・ロージン

* 犬の名はフィジ。イタリアングレイハウンド。
「7年間ずっと一緒にいる」
* セーターはCARVEN　* 50歳

カフェに入るとイヴさんはペリエを注文し、のびやかな笑顔で話し出す。

「ぼくは画家です。今度、そこの角を曲がったところにあるギャラリーで個展をやるんだ」

あぁ、やはり。おしゃれなおじさんはおしゃれな芸術家であった。

「そのまえは二十年間ピアニストをしていてね。数年前に画家になったんだ」

ピアニストから画家に。経歴もおしゃれであった。

でも画家になったのは、悲しい理由からだった。三十二歳のとき、二歳下の妹が亡くなった。睡眠薬を服用し、眠っているあいだに吐いてしまって、それで窒息死した。事故だと思っている、とイヴさんは言った。妹は美術学校に通って絵を描いていた。イヴさんは、妹の死の翌週から絵を描くようになる。食べるためにピアノを教えながら、妹がいなくなった悲しみを癒《いや》すために絵を描き続けた。ときどき展覧会を開き、そのうち作品に値がつくようになり、四年前からピアノの仕事を減らしていって、画家を本業にした。

作品の写真を見せてもらった。ベースに白と黒があり、その上にさまざまな色が載っているものが多い。イヴさんは「白と黒」に特別な思いがあると言う。

西洋では、白と黒は対立する概念です。白は善、黒は悪。白は純粋、黒は不純。白は天国、黒は地獄。ね？　そして肌の色の問題にもつながる。植民地主義の背景にも、白が優れていて黒が劣っているという考えがあったと思うんだ。

それに比べて東洋はどう？　白と黒は補完し合う関係だ。白と黒、つまり陽と陰。そのふたつが揃って世界を形づくっていると考える。どちらが上でも下でもない。白い紙と黒い墨《すみ》でできている書道はじつにすばらしい……。

イヴさんは南仏の古都ニームの生まれ。お母さんはマルティニーク、お父さんはグアドループの出身だという。どちらもカリブ海に浮かぶフランス領の島。アフリカから奴隷貿易で連れてきた黒人を、サトウキビ農場ではたらかせて経済発展した島である。

イヴさんがご先祖さまから受け継いだ黒い肌には、着心地のよさそうな黒いセーターが似合っていた。セーターには細くて白い縞《しま》もようが入っている。メガネも黒ぶちで、ちょっとだけ白が入っている。うーん、やっぱり、おしゃれだ。

二度離婚して、いまは独身。毎日五つのフルーツと五つの野菜を摂《と》ることにしている。

「とにかく調和が大事。対立からはなにも生まれない。はなしができてよかったよ」

抱いていた犬を地面に下ろし、笑顔で握手をすると、颯爽と歩き去った。去り方も、キマってる。

少し空気がひんやりしてきた。でも、パリの日はまだ暮れない。

ミラノで服をオーダーする。そこにしあわせがある。

――グレゴリー・レヴィ

ビジネス街にある法律事務所に籍を置く、中堅弁護士。クライアントには大企業が名を連ね、手掛ける事件は詐欺、横領、背任といった、いわゆるホワイトカラー犯罪が多い。

「最近はカメルーンに投資する企業を担当していて……」

などと話してくれるが、こちらは「はぁ」と中途半端にうなずくのみ。以前は財務大臣のブレーンを務めていたこともあるとか。なんだか華麗なる経済小説の登場人物のようだ。

妻も弁護士で、七歳の娘と三歳の息子がいる。さぞやいいお暮らしをなさっているんだろうなぁ。心理学と文学が好きで、バルザックの小説は何度も読み返しているという。親

おしゃれ弁護士

グレゴリー・レヴィ

* もともと心理学者になりたかった
* ネクタイは Petronius
* 背広は GAIOLA Napoli
* メガネは oliver peoples
* 靴は Alden　* 39歳

の代からユダヤ教徒らしい。

取材を兼ねたランチがはじまってしばらくは、クールなエグゼクティブの顔つきを崩さずにいたレヴィさんだが、洋服のはなしになったら途端に無邪気な男の子の目になった。

「むふふ。服をほめてくれてうれしいよ。いまのぼくにとって、仕事以外で熱中してることといったら、なにを着るか、だけですから」

好きな服をとことん追求しているのだという。お気に入りのスーツを三十着ほど、靴を三十足ほど持っている。ほとんどオーダーメイド。

「今度の週末もローマとミラノに服を作りに行くんだ」

すでに何軒かの洋服屋さんに予約を入れてあるという。一回の軍資金は約三千ユーロ。好みを細かく打ち合わせして、ちょっとでも気に入らなかったら、ほどいて作りなおしてもらう徹底ぶりだ。軽快なイタリアンスタイルを好む。

「なんでイタリアンスタイルが好きなんですか」

と問うと、

「それはぼくに、なんで女の人が好きなの？って訊くようなもんだね」

とにんまり。理由を問うなんて野暮《やぼ》だぜってことみたい。

洋服好きは父親の影響。十六歳のとき、お父さんが初めてオーダーメイドでワイシャツを作ってくれた。そのときのうれしい気持ちがずっと残っているという。愛用の腕時計はおじいちゃんが一九二〇年代に使っていた「エテルナ」をオーバーホールしたもの。おじいちゃんもお父さんも洒落者《しゃれもの》だったんだなぁ。男のおしゃれ心を代々息子に伝えていく一家なのだ。

ちなみにおじいちゃんもお父さんもかつてアルジェリアに住み、アルジェリア独立戦争の際にフランスに引き揚げてきた「ピエ・ノワール」だという。ピエ・ノワールは直訳すると「黒い足」で、アルジェリアからの引揚者《ひきあげしゃ》を意味する。戦後の日本でいうと「満洲帰り」みたいなものか。

帰り道、広岡さんにピエ・ノワールについてレクチャーを受ける。小説家のアルベール・カミュ、ファッションデザイナーのイヴ・サン＝ローラン、哲学者のジャック・デリダなんかもピエ・ノワール。ちなみに、本人が「おれはピエ・ノワールだ」と称する分にはいいけど、他人が「あの人、ピエ・ノワールよ」と言うのはやや注意が必要とのこと。この呼称には、ときとして差別的な意味合いが含まれるという。

アルジェリア戦争が終わったのは、一九六二年。ふうむ、フランス人にとっての「戦後」は案外すぐそこなんだなぁ。

二分考えれば済むことを、みんな大げさに考え過ぎだよ。

——セバスチャン・ドダール

『フランス人は10着しか服を持たない』という本が話題になったけど、ぼくの職場にそれを地でいく人がいますよ。もしかしたら十着も持ってないかもしれないな。いつ会っても同じ服を着ている。それでいて、なんだかおしゃれなんですよ。

そう言ったのは、パリ在住の知人Ｙさんだった。Ｙさんの職場は、生活雑貨や衣料品をあつかう無印良品の海外向けブランド「ＭＵＪＩ《ムジ》」。パリに進出して二十年近くが経ち、この街にすっかり根づいている。

Ｙさんがその、十着しか服を持っていなさそうな仕事仲間を紹介してくれた。名はセバスチャン、日本人スタッフは彼を「セバさん」と呼ぶ。

10着しか服を持たない男

セバスチャン・ドダール

* 若いころ好きだった
バンドは「ザ・キュアー」と
「デペッシュ・モード」

* 服を買う店は、
バリバリス、H&M、
MUJI…

* 家族は妻と
8歳の娘と猫2匹

* 47歳

セバさんは、デニムに青いシャツ、茶色のジャンパーという格好で現れた。額はやや後退し、髪は短い。黒ぶちメガネの奥で、人懐こい目がクリクリしている。

「昔は長髪だったんだよ。ミュージシャンになるつもりだったからね」

とほほえんだ。

ノルマンディー地方の生まれ。フレールという移民の多い町で大人になった。十歳からドラムを叩き、バンドを組んでいた。大学では、経済学と英語とスペイン語を学んだ。

「あんまり勉強しなかったんだけどね。レストランやバーでアルバイトばかりしてた」

卒業後も飲食の仕事をいくつか経験した。一九九九年、パリにオープンしたばかりのMUJIの前をたまたま通り、なんの気なしに入ってみた。

「店に入ってすぐに、自分が好きなのはこれだ!と思ったんだ」

シンプルでベーシックなデザインが好きだったセバさんの心に、MUJIのアイテムが響いた。さっそく販売員の求人に応募。以来MUJIとの付き合いは十八年になる。現在は販促企画、広報、渉外、新規開店のプランニングなどさまざまな業務を担当している。

さて、肝心のワードローブについて。手持ちの服をあげてもらった。

「青か黒の長袖シャツを五枚。デニムを五本。黒いスニーカーを四足。以上!」

うーむ、じつにシンプル。夏になったらリネンのポロシャツとTシャツを交互に着るという。スーツも一着だけ持っているけど、袖を通す機会はほとんどない、と付け加えた。

「もう何年も前から同じスタイルだよ。服に求めるのは、目立たない色と実用性。あとは、そうだなぁ、体にフィットするカットが好きかなぁ」

だからお腹が出ないように気をつけていると、ニコニコ言う。

「ぼくは人生をシンプルに考える」

とセバさん。

「二分考えれば済むことを、みんな大げさに考え過ぎだよ」

服を選ぶときに限らず、多くの人はいつもあれこれ迷ったり、どうでもいいことをぐちゃぐちゃ悩んだり、小さな出来事をドラマティックに捉えたがったりする。そんなの時間の無駄だとセバさんは言うのである。

「もともとそう考えていたんだけど、二〇一五年のパリの同時多発テロを経験して、ますますそう思うようになったよ」

人生には予想外のことが起きる。そして限りがある。だからこそ、本質的なことだけに目を向けるべきだ。考え過ぎず、シンプルに。セバさんの「いつも同じ服を着るおしゃれ」の根っこには、風通しのいい哲学があるようだった。

年をとったら、よけいおしゃれしなきゃね。

——ダニエル・ディアソナマ

メトロやバスで会う、かっこいい黒人の女の子たち。ついつい見とれてしまう。とくにヘアスタイルにいろいろな工夫があって、「わぁ、すてき」「お、この編み込みはどうなってるんだろ」と目がよろこぶ。で、あるとき、ハッと気づいた。そうか、彼女たちはかつらやエクステをつけているんだ。若い黒人女性で地毛《じげ》の人、パリの地下鉄ではあまり見かけない。

そんなはなしをしていたら、広岡さんがバルベスの裏町に連れていってくれた。行き交う人はみな褐色で、路地に並ぶ食堂やブティックから、アフリカの色と匂いがあふれている。なんだここ、アフリカじゃん！　テンションが上がる。

アフリカ人街のかつら屋さん

ダニエル・ディアソナマ

＊コンゴの宗教は
カトリックが50%。
すべてのものに霊が
宿っていると考える
アニミズムが
50%だという。

＊56歳

少し行くと、美容室、かつら屋さん、エクステンション屋さんがひしめく一角があった。そうかそうか、わたしが見とれていたヘアスタイルはこういうところで作られていたのか。

美容院を覗くと、黒人女性が五、六人、にぎやかにおしゃべりしていた。エクステ施術中の人もいて、「見せてもらってもいい?」と声をかけると、「だーめ」と笑いながら断られた。きれいになる舞台裏を見られたくないのかも。

かつら屋ストリートのなかほどで、ダンディなおじさんを発見。黒人女性用のかつらを作る職人だという。かつてフランス領だったコンゴ共和国の出身で、三十五年前にパリにやってきた。フランスに来てかつら職人の技術を身につけて、以来この道ひとすじ。

「おれ、おしゃれに見える? へへへ、うれしいね。ま、一応ね、身につけるものは気にしてるよ。こういう仕事だしね。年をとっちゃったから、よけいおしゃれしなきゃ」

店を案内してくれた。ひとつのかつらを四十五分で作る。ストレートもあれば、ゆるくウェーブがかかっているのもあり、ブラウンもあれば、ブロンドもある。どういうスタイルが流行しているのかと聞くと、

「流行ねぇ、どうだろうなぁ、それぞれが好きな髪型をしているからなぁ」

との答え。そしてニヤリと笑って言った。

「おれ、ほんとはね、短い髪の女の人が好きなの」

とっさには、そのことばの真意がつかめなかった。店内の写真を撮らせてもらいながら、だんだんと腹に落ちてきた。「短い髪の女の人が好き」というのはつまり、かつらをつけない女性という意味だろう。

黒人女性がかつらをつける理由はさまざまだ。縮れた髪質ではできないヘアスタイルを楽しむため。ウェーブがきつくて手入れが大変だから。そしてもうひとつ、ヨーロッパ社会が考える「洗練されたおしゃれ」に添うため、という理由が厳然とあるんだろうな。生まれつき備わっている自分の髪をきらい、あるいは恥じて、かつらで隠す。そういう女の子が、ダニエルさんのお客さんにもいるんだろうな。

「女ごころは、おれにはわからないけどね、へへへ」


日が傾きはじめて、アフリカ人街の喧騒《けんそう》はさらに濃い。路上での商《あきな》いに精を出す男たち。大きなおっぱいをカラフルな布地のワンピースに包んで笑うおばさん。ピチピチのジーンズとハイヒールで闊歩《かっぽ》するモデル体型の女の子。そしてダニエルさんは、「女の人はかつらをつけない方がかわいいのに」って思いながら三十五年、かつらを作り続けている。

はつらつといられることがいちばん大事。
そのためには、自分自身を知らないと。

——エルベ・カルド

金

曜日の夕方、マレ地区。しゃれた小道を行き交う人の顔に、背中に、足元に、これから楽しい週末がはじまるという浮かれた気分がにじんでいる。大きな通りに出ると、どこのカフェも人がいっぱい。それも見事に、男の人でいっぱいだった。ここは世界でも有数のゲイタウン。おしゃれなおじさんも多い。

カフェの外、テーブルにゆったりと腰をおろし、ひとりでビールを飲んでいたのはパトリックさん。黒いジャケットにワインレッドのパンツを合わせ、首回りにはレモンイエローのストール。いやはや、じつにニクい色使い。仕事は録音技師だという。

二頭のチワワを連れて散歩していたのはジョニーさんとワリスさん。ふたりともおじさ

ゲイタウンで出会った録音技師

パトリック・ルヴェイエ

* シャツと星型のバッジは agnes b
* パンツは H&M
* 靴は TBS
* 50歳

美男カップル

ジョニー・シケリア　ワリス・ガルシア

（左・32歳）　（右・28歳）

* チワワの名前は ニーナ（黒）と チーチョ（茶）

んというよりはモデルのような美青年で、目を引いた。

「出会ったのはスペインのバルセロナで」

「パリで五年くらい一緒に住んでいます」

ジョニーさんはアパート経営をしており、ワリスさんはアルマーニのメイクアップアーティストだという。華やかだなぁ。


マレ地区のはずれに、LGBTセンターがあった。パリとその周辺で性的マイノリティを支援する七十の団体が集まっている場所だ。レインボーカラーの旗をくぐって建物に入ると、ここでボランティアをしているエルベさんが出迎えてくれた。ええと、この人は、ずば抜けておしゃれというわけではない。そりゃそうだ。ゲイはおしゃれってのも、これまたひとつの偏見だ。

パリの観光振興を担う外郭団体の職員をしながら、LGBTサークルのリーダーでもあるエルベさん。趣味はオペラや映画を見ることで、フェリーニの作品が好きだという。『カサノバ』とかね、あと『そして船は行く』が好き。と聞いて、映画通の広岡さんが身を乗り出す。『そして船は行く』はピナ・バウシュが出てるんだよね。そうそう。いい映画だよねぇ。とふたりで盛り上がっている。

フランスでは、同居する同性カップルに、結婚している夫婦と同等の権利が認められるようになって二十年近く経つ（一九九九年、パックス法）。さらに二〇一三年には同性婚が認められ、同性カップルが養子縁組することも可能になった。エルベさんの知人にも、養子を迎え入れて子育てをしているゲイのカップルが何組かいるという。そういう事情を聞くと、性的マイノリティが生きやすい国なんだなぁという印象が深まる。

でもエルベさんの個人史を聞くと、しんどいことがいろいろあったらしい。

七歳の頃、男の子と女の子が混ざったグループで遊んでいて、遊びでキスしようってことになったんだ。そのとき、女の子とキスするより男の子とする方がいいなって思った。当時住んでいたのはフランス中部オルレアンの近く。人口が一万人にも満たない小さな町。通っていた小学校と中学校も小さくて、田舎だし、同性愛に対する偏見がすごくて。まわりの大人たちも、男の子は男の子らしくマッチョであるべきだ、という価値観なんだよね。だから同性が好きだなんて誰にも言えなかった。ずっとひとりぼっちだったんだ。

そこでエルベさんはすこし沈黙し、わたしも沈黙した。みんなと違うといじめられるのはどこの国でも同じなのだ。でもマッチョになんかなれないし、なりたくない。だからエルベさんは作戦を練った。いい成績をとって、マッチョな友だちの勉強を助けてあげて、代わりにいじめっ子から守ってもらう、という作戦だ。それでどうにか切り抜けた。

十八歳で故郷を離れ、県庁所在地オルレアンで寄宿舎生活をはじめる。そこでＬＧＢＴの協会を訪ねたことで、初めて気持ちが解放された。自分以外にも同性を好きになる人がいるんだと知って勇気をもらった。それで、週末に実家に帰ったときに両親にカミングアウトしようと決心する。

ちょうど六月の映画祭の時期でね。期間中は映画が安く見られるから、ぼくは毎日、朝から晩まで映画館にこもっていたんだ。ある朝、両親宛てに手紙を書いて家を出た。「ぼくはホモセクシャルです。お父さんとお母さんのことを愛しています。あなたたちに反抗したいわけではありません」

そう書いた手紙と、ＬＧＢＴの協会でもらった「子どもが同性愛者だったら親はどう対処すべきか」という小冊子を、親の目につく場所に一緒に置いたんだ。そのまま出かけて、一日じゅう映画を見て、夕方家に戻った。母は泣いていて、父はぼくと目を合わせようとしなかった。

「お前のそういう気質は一時的なものだ、そのうち治る」と言われたよ。そのうち治るっ

LGBTセンターのボランティア

エルベ・カルド

＊好きな食べものは
ブフ・ブールギニョン（牛肉の赤ワイン煮）と
トリアノン（チョコレートが層になっているケーキ）

＊ペドロ・アルモドバル監督の映画は必ず見る

＊42歳

て病気じゃないのにさ、ふふ。

その後、エルベさんはパリで学び、ＩＴマルチメディアの修士号をとった。そのまま就職し、パリに住んで十九年目。恋人と九年間同棲していたが、二年前に別れて、いまは独身だという。

「セーヌ川のほとりにＬＧＢＴフォビアの犠牲者の記念碑を建てたいんだ」

「ＬＧＢＴフォビアの犠牲って？」

「中世の魔女狩りで同性愛者は迫害されたんだ。それからナチスの時代は、同性愛者だというだけで強制収容所に送られた人がフランスにも数十人いる」

魔女狩りとナチス。ふたつの狂気はＬＧＢＴの歴史に深い影を落としている。

最後に好きなことばを訊くと、エルベさんは少し考えてから、古代ギリシャの格言「汝《なんじ》、自身を知れ」だと言った。

「はつらつといられることがいちばん大事だって思うんだ。そのためには、自分自身を知らないとね」

はつらつと。ほんとだなぁ。

アルジェリアとフランス

おしゃれ弁護士のグレゴリー・レヴィさん（12ページに登場）の祖父と父は、アルジェリアからの引揚者《ひきあげしゃ》「ピエ・ノワール」でした。フランスとアルジェリアの関係を補足しておきましょう。

フランスは一八三〇年にオスマン・トルコからアルジェリアの支配権を奪いました。アルジェリアには、ユダヤ、アラブ、ベルベルの多民族が住んでいました。フランスはユダヤ人にはフランス国籍を与え、一方でアラブ人やベルベル人には権利を制限しつつ、イスラム教の慣習を捨てさせ、姓名をフランス語風に直させるなど同化政策を推し進めました。フランスや近隣諸国からアルジェリアに渡ってきた入植者には土地を与え、ワイン造りを奨励しました。

さて、二百年近いフランスとアルジェリアの関係に大きな影を落としているのは、一九五四年から六二年の独立戦争です。

アルジェリアの独立を容認したド・ゴール政府に対し、フランス現地軍は幾度も反乱を起こし、本土でも緊急事態宣言が出て、パリではデモで多数の死傷者が出ました。独立後は大量の入植者・ユダヤ人の引揚者（ピエ・ノワール）、フランス軍についたアラブ人・ベルベル人（ハルキ）が渡仏しました。

そのあともフランスとの関係は深く、フランスの大手石油会社はサハラ砂漠の石油利権を手放さず、また、サハラは一九六六年まで原爆の実験場でもありました。現在でもアルジェリアはフランス企業を支える低賃金労働者の一大供給地です。

いまから約二十年前まで、これらは、フランスの学校では教えられていませんでした。アルジェリア支配の歴史を正視するようになったのはごく最近のことなのです。（広岡）

US
AX
WAX
IN
US
VA
E

KUMASI MARKET
TISSUS AFRICANS
WAX BLOCK HOLLAND
SUPER WAX
VERITABLE JAVA SUPER SOSSO
BLOCK HITARGET PRESTIGE OSIKANI

ちょっと寄り道1

カルチェ・ラタンの古本屋

カルチェ・ラタンと聞くと、うっとりする。なにせ十三世紀から続く学生街である。大学や図書館の重厚な建物にはもちろん、路地の石畳の隙間《すきま》にまで、知がこびりついているよう。人類はずーっと学問と格闘してきたんだなぁ、という感慨がしみじみとわく。

なんといっても圧巻なのが、軒《のき》を連ねる書店街だ。

と思いきや。

「もうないよ」

と広岡さんがあっさり言う。なんと！　一時は界隈に数百軒あった本屋さんは、この数年ですっかり姿を消してしまったという。本屋さんだった場所は、ことごとく若者向けの洋服屋かしゃらくさい飲食店に変わっていた。カルチェ・ラタン、お前もか！

元・書店のカフェバーの前をうなだれて歩く。観光客がうれしそうに自撮りしている。SNSに「カルチェ・ラタンなう」とでも投稿するのか。ふん、こんな「なう」なんか、いらねえやい。

だが考えてみれば、わたしだって通りすがりの観光客だ。たとえ本屋さんがあったところで、わたしに読める本などない。単なる感傷なのであった。

そんなカルチェ・ラタンに、奇跡的に生き長らえている古書店を見つけた。扉を開けると古い本の匂いが充満している。あぁ、これこれ、この匂い！

人文書《じんぶんしょ》の魔窟《まくつ》

「このあたりで残っているのは、うちだけですね」

そう言って肩をすくめるのは、店番をしていたマスウドさん。古今東西の人文書をあつかう老舗《しにせ》古書店だ。何十年も前から、大学教授、大学院生、大学生、それに背伸びした高校生などがお客さんだという。

ほんの五、六年前までは、近所に個性的な古本屋さんがいくつもあったのに、とマスウドさんは嘆く。

「最近はインターネットで」

と言いかけたので、

「あぁ、みんなアマゾンみたいなネット書店を利用するんですね」

と訳知り顔にうなずくわたし。

「それもありますが」

とマスウドさんが付け加えたことばが耳に痛かった。

「いまはほら、なにか知りたいことがあったら、本を読まなくてもネットで検索して、なんとなくわかった気になりますから」

きゃっ、それはわたしだ。わたしのようなウィキペディア知恵袋学派が、書店を殺す一因なのだ。

「うちでは絶版になった本、貴重な本、インターネットでも出てこないような珍しい本をあつかって、それでなんとか生き残っています」

店内は、床から天井までびっしりと本で埋め尽くされている。経済学、社会学、心理学、哲学、文学……。マスウドさんは、はしごをヒョイッとのぼって、何冊か取り出して見せてくれた。

「珍しいところでは、レビューアフリカンというアフリカの雑誌のバックナンバ

＊33歳

＊店の名は Le Tiers Mythe
「第3の神話」を意味する

老舗古書店のアルバイト店員
マスウド・ノールモーハマディ

ーとか。マルクスやスターリンの研究書もいまだにちゃんと置いてありますし。古いものだと、これかなぁ」

手渡してくれたのは、一八〇四年に出版された旅行記。おぉ。

四十年近く前から、この店はイラン出身のオーナーが経営している。マスウドさんもイラン北東部の都市マシュハドで生まれ、テヘランで文学を学んだ。二〇一〇年にフランスへ来た。

「好きな作家はカミュとバルザック。イランで好きな文学者はハーフェズとかルーミーとか、聞いたことないかな、古い詩人です。すごいんです、彼らの詩」

まぶしそうな顔をして、イランの古典詩の魅力を語る。

「ここのバイト代はもちろん最低賃金。時給は手取りで八ユーロを切りますけど、まぁぼくは本が好きだから」

この仕事が気に入っているらしい。お客さんが来ないときはレジ脇のパソコンで、ひたすら蔵書のデータベースを作っているのだという。

「全部で六万冊くらいあるのかな。コツコツやってます。データベースができれば、この店の寿命ももう少し延びるはず」

将来の夢を訊いたら、

「文学をもっと勉強して……」

そこまで言って、なんとなくためらうそぶり。

「ご自分でも詩や小説を書くつもりですか」

マスウドさんは、はにかみながらうなずいた。

「はい。いつか小説家になりたいです」

科学書専門店の静謐《せいひつ》

カルチェ・ラタンをうろうろしていたら、さっきとは別の通りに佳《よ》きたたずまいの一角があった。近づいてみると、やはり生き残った古本屋さんだ。大きな書架に本が整然と並んでいる。飾りが施された白い漆喰の天井に、時代がかったシャンデリア。古書店というより、貴族の邸宅の広い書斎といった雰囲気である。

「うちはフランスで唯一の科学書専門の古書店です」

店主のロランさんは、ずり落ちたメガネ越しにこちらを見て、ぶっきらぼうに話す。やや人見知りのようだ。それでも口を挟まずじっと耳を傾けていると、ポツリポツリとはなしがつながっていく。

この店は十九世紀から営業している。ぼくが店を継いだのは一九八〇年。その前は父親が店主だった。

ここには、印刷技術が確立されてから今日までに発行された科学の本が全部ある。これは一五八五年のユークリッド幾何学の原理が書かれた本。あんまり状態がよくないから五百ユーロだね。よければ五千ユーロの値がつくけどね。こっちはプロニーとガスパール・モンジュの本、八百ユーロ。共和国暦八年の出版だから一七〇〇年代の終わりのもの。

世界じゅうの科学者から注文が来るよ。ノーベル物理学賞をとるような教授とか、有名な数学者とか。ま、ぼくにとっちゃ、有名かどうかなんてどうでもいいんだけど。

ロランさんは、家業である科学書専門店を継ぐつもりだったのだろう、みずからも大学で科学史を専攻した。本も好きだし、科学も好き。だからこの仕事はも

科学書専門店の店主

ロラン・ドブリュイーヌ

* 店の名は Albert Blanchard
* 趣味は自転車。「心を解放するよ、自転車は」
* 58歳

っとも自分に馴染んでいるのだ、と静かに語った。

長男は三十歳、長女は二十五歳、次男は二十歳。子どもたちは誰もこの店を継ぐ気がないらしい。

「自分の代が終わったら、店ごと誰かに売ろうと思ってる。この店を続けてくれる人に売りたい」

話しているうちにだいぶ打ち解けてきた。帰り際、取材ノートをしまいかけたわたしにロランさんは言った。

「きみ、電話はどういう仕組みで動くか知ってるかね?」

首を横に振るわたし。

「最低限の知識は必要だよ」

仕組みを知らなくても電話は使えますけど、と思いつつ笑顔を返す。

「たとえ科学者にならなくても、数学と科学を学ぶことは人生の役に立つ」

メガネの奥の目がぎょろり。ふふ。迫力あるなあ。

このひんやりと重厚な空間が、未来もずっと続いていきますように。

2

アートなおじさん

ぼくはねぇ、どこにいても自分の家にいる気持ちなんだ。

——リベルト・プラナス

モンマルトルの小さな坂道に、こじんまりと素朴なたたずまいのギター工房があった。こういうところにはいい顔のおじさんがいそうだなぁと覗き込んだら、果たして。ギターを弾いていたおじさんが顔を上げて、「こんにちは」と日本語で挨拶してくれた。妻は日本人だという。

「ぼくはスペイン人。しゃべれるのはねぇ……スペイン語、フランス語、日本語、ポルトガル語、カタルーニャ語、イタリア語、ギリシャ語、グアラニー語……」

ニコニコしながら指折り数えていく。カタルーニャ語は主にスペインのバルセロナ付近で使われる言語、グアラニー語は南米のパラグアイとかウルグアイに住んでいる先住民の

旅するギター作家

リベルト・プラナス

＊大事にしているものは
「太陽と月と雨と雪」

＊76歳

言語だ。いいなぁ。

スペインのアルメリアで生まれた。地中海に面した港町。海の向こうはアフリカだ。七歳のときにギターを弾きはじめた。

「友だちのギターでね。ちょっとよ。リンリン、ロンロンくらいね」

という言い方がかわいかった。

「それからずっと、頭のなか、ギターだけ」

十四歳で地元アルメリアの弦楽器職人の見習いに。それからグラナダに行き、バレンシアに移り、イタリアへ渡り、ドイツやアメリカにも住んだ。演奏家としても頭角を現し、二十七歳でフランスの国立音楽学校の先生になり、三十五歳でパリにギター学校を設立。世界じゅうからギターの注文と演奏会の依頼がやってくる。キューバで伝統的な弦楽器トレスの復興に奔走したこともある。ギター作りを教えに北朝鮮へ行ったこともある。

「ぼくはねぇ、どこにいても自分の家にいる気持ち。昔からそう」

とゆったり話すのを聞いていると、こちらまでゆったりした気持ちになる。リベルトさんは広岡さんに向かって、フランス語で補足の説明をしている。

スペイン生まれなのに、なんでフランスにいるの?って聞かれることがあるんだけど、ぼくは地球生まれだからって答えるんだよ。みんな同じ球《たま》のなかに住んでいるんだからねぇ。隣人を尊重しなければいけないよねぇ。ぼく自身は信じている宗教はないけれど、みんなの信仰は尊重するよ。ぼくの宗教は、まぁ、あえて言えばギター教だね、ふふふ。

地球上のどこに行ってもくつろげる。そう言い切るおじさんの顔に刻まれたシワ。じつにいい感じ。

工房を辞し、モンマルトルの坂を下りながら、広岡さんにフランス語を習う。「Art（アール）」は古代ギリシャ語を起源とすることばで、「技」とか「芸」の意味。そこから生まれた単語が、芸術家を意味するArtiste（アルチスト）と、職人をいうArtisant（アルチザン）。芸術家と職人は根っこが一緒なのだ。この章では、ふたつのアールに関するおじさんを紹介していきたい。

機械を使えば二時間でできる仕事を、手で百時間かけてやりたい。

――フレデリック・モレル

ベルヴィルという地名を聞くと、大杉栄《おおすぎさかえ》を思い出す。この日本人アナキストは百年近く前に警察の尾行を撒《ま》いて渡仏し、ベルヴィルにやってきた。パリ二十区のにぎやかな下町について、「ここは浅草より汚い」なんて書き残している。

さて、下町の朝は早い。八時半、路肩のゴミはすべて回収され、ところどころ水を撒いたあともあってすがすがしい。メトロの階段を駆け下りる人、カフェの開店準備、キオスクでの立ち話。飾らない町の、今日がはじまる。

フレデリックさんは、トレードマークのつなぎの作業服を着て、すでに仕事をはじめている。

下町の彫金師
フレデリック・モレル

* MOF（国家最優秀職人章）と
EPV（無形文化財企業）の称号を持つ
* 趣味は版画と大工仕事，ときどき自転車
* 47歳

「とっくだよ。毎朝五時半には工房に来て、心の準備をするんだから」

手を止めず、ニヤリと笑った。

シズラーという仕事をしている。日本語でいうと「彫金師」。ただしオリジナル作品を手がけるのではなく、修理専門である。

古いアパートを改装した地味な工房で、一日の大半を過ごす。そこそこの広さがあるが窓はない。使い込まれた作業台と使い込まれた道具たちが無口に、頑固に、あるべき場所でじっとたたずんでいる。

「これはナポレオンの時代の壺の取っ手。こっちはルイ十三世の頃の家具の飾り」

フレデリックさんが、奥から作業中の部品を出してきてくれた。灰色にくすんだ工房に、金、真鍮《しんちゅう》、銅、銀などのキラキラした色が際立つ。

名家のお宝や美術館の収蔵物を預かって、傷ついたところを補修したり、欠損した部分をゼロから復元したりして、完成時の状態に戻すのがフレデリックさんの仕事だ。ルネサンス期の装飾品から草間彌生《くさまやよい》の作品まで、世界じゅうから依頼が来るという。

「表に出ない仕事ってやつだ。誰にも知られずにやるのさ」

ふふ、一種の裏稼業である。多くのクライアントは、高価な宝を持っていることを公《おおやけ》に

したがらない。なによりも、

「おれは派手なことがきらいだ」

というのがいちばんの理由らしい。

「なんとか美術館の作品を手がけました、なんて自慢げに写真を公開する職人もいるけど、アホかって思うね」


パリの郊外で生まれた。祖父も父もシズラーだった。

「かみさんとは十七歳のとき知り合った。偶然だが、彼女の父親もシズラーでな。義理のおやじもやっぱりこういう工房を持っていて、ひとりでなんでもやる人だった」

数十年前までは、小さな工房を構えて鋳造、型抜き、彫刻までなんでも手がける昔ながらの職人がいたが、いまはもう絶滅危惧種。大資本がバックについた大きなアトリエで、複数の職工が分業し、さらに外注に出すようなスタイルが主流だという。

「そんなの、流れ作業の一部を受け持っただの作業員だよな。職人っていわねえよ」

ブツブツとぼやくフレデリックさん。

「シズラーの技術を教える学校はない。現場でおぼえるもんだ」

若い頃は、国立造幣局に勤めていた。フランスの造幣局は九世紀から硬貨、勲章、教会の鐘などを連綿と作り続けている。おそらく国内最高峰の彫金職人が集まっている場所だろう。月給は四千ユーロ。

「でもなぁ、十年経って気づいたら、おれより技術のある人間がまわりにいないのよ。それで、もういいや、やーめたって」

自分の仕事を批判する人がいない職場はつまらない。同じことを繰り返していても技量は下がっていくだけ。

「おれは金のためにこの仕事してるわけじゃねえし」

フレデリックさんは、技術の向上にしか興味がなかった。それなら古い時代の作品をたくさん見て、独学で腕を磨いたほうがいい。そう考えて造幣局をやめ、独立した。このおんぼろ工房を買い取って、十数年かけて「自分の場所」にしていった。

この人の「金のためじゃねえ」は徹底している。

まず、注文がたくさん来ることをきらう。納得できる仕事しかしたくないから、ひとりじゃ手が回らない仕事の依頼は、迷わず断るのだという。

「おれは細かいところまで丁寧にやりたいの。機械を使えば二時間でできる仕事を、手で百時間かけてやりたいわけさ。その気になりゃいまの三倍は稼げるかもしれないけど、それはおれの仕事じゃねえから」

つぎに、儲け主義の骨董品屋が大きらい。

「やつらは、それっぽく適当にきれいにしてくれって考えだ。もともとの形に忠実に修復しようなんて思っちゃいない」

手を抜かず徹底的に修復したい職人に対して、骨董品屋は「そんなに時間をかけなくていいよ。そのくらいでもういいから、次の仕事にかかってよ」と催促するのだとか。そんなことでは職人のレベルは下がるばかりだ。

「いまは3Dプリンターを使った復元でも商売になっちまう。このセーブル焼きの壺の取っ手だってな、3Dなら七百ユーロでできるんだと。それを聞いておれは言ったのさ。じゃあ手仕事だけで六百ユーロでやってやるよってな」

ぐふふ。ほんものの職人とは、かくもバカですてきな生き物なのだ。

さらにフレデリックさんは、気に入らない客とはさっ

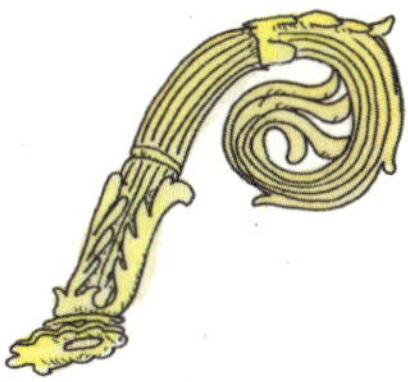

作りかけの取っ手を見せてくれた。
細工がこまかい！

さと縁を切る。

「一時期、古い武器の修理をしていたこともあった。でも武器コレクターの多くは、現代の武器商人なんだってことがわかってきた。武器を売って稼いだクソみたいな金でおれに仕事を頼んでくる。そういうのはいやだから」

カラカラと笑った。ブレない。頑固。かっこいい。こういう職人が世界各地にひっそりと生息していると思うと、この世は捨てたもんじゃないという気持ちが胸に満ちてくる。

偏屈な道を選べば、貧乏は当然のこと。日々のお金の心配をしないでよくなったのはつい五、六年前だという。妻と十一歳の息子と八歳の娘、それから猫が一匹。家族がそれなりに暮らしていけるだけ稼げればいい。一日はたらいて、気持ちよく疲労するくらいがちょうどいい。

「ま、でも、絶滅まではもう時間の問題だな」

いま、ほんものの職人といえる人はみな八十歳前後。彼らがいなくなれば技術は完全に失われるとフレデリックさんは断言する。かつて名工のもとには弟子が何人かいて、師が死んでも技術は生き続けた。でも大資本による機械化および分業システムが主流となったいまでは、技を伝承する制度自体が崩壊している。シズラーの技術も道具も三百年前からほとんど変わっていない。変わったのは人間のほう。フレデリックさんですら、使い方がわからない道具がいくつもあるという。

どうにかならないのか。いまならまだかろうじて間に合うかも。無責任に焦《あせ》る。でもフレデリックさんは、さっぱりした顔で言う。

「仕方ねえな。おれだって弟子をとる気もねえし、自分の子に伝えるつもりもねえもん」

本人が最終ランナーになることを覚悟しているならば、関係ない人間がさしはさむことばはなにもない。高い技術力や強い信念をもってしても、時代の流れに逆らうことはできないのだ。

フレデリックさんは、工房の出口まで見送ってくれた。扉を開けると、生ぬるい風とベルヴィルの喧騒《けんそう》。太陽はもうすっかり高い。

「この辺りもなぁ、昔に比べりゃ人間関係が希薄になった。近所に友だちができても、数年で引っ越しちゃう人が多くてさ。そういうのも、どうしようもねえもんなぁ」

つなぎの服で手をゴシゴシ拭いてから、ぎゅっと握手をしてくれた。職人の手はゴワゴワしていて、いいもんだなぁ。

この生き方を選んだ以上、金儲けは考えない。

――ラシッド・セフー

ポンピドゥーセンターからほど近い裏路地に小さな劇場があった。せまい入口には、芝居のチラシがびっしり。地下へと続く階段は薄暗い。風情があるなぁ。こういうところにはきっと老コメディアンとくたびれた座付き作家が住み着いていて、日夜、演劇論を闘わせているのだ。安ワインの空き瓶の横をネズミが走り過ぎて、そのネズミには早世した女優の名前がつけられているのだ。嗚呼《ああ》、哀愁のパリ小劇場。なーんて、勝手な想像をしながら入ってみた。

「こんにちは、いらっしゃい！」

小劇場の役者
ラシッド・セフー

＊両親は
イスラム教徒だが、
自身は無宗教

＊36歳

「三びきのこぶた」の
パンフレット

元気な声が迎えてくれた。大きな目が愛嬌《あいきょう》たっぷりのラシッドさん。天井は石がむきだしになっている地階だが、明るくて清潔でネズミなんて一匹もいなそう。

「三十六歳です！　充分おじさんです。いま稽古の休憩時間なんでヒマっすよ」

さすが俳優。声もいいし、仕草も堂々としている。稽古中の演目は「三びきのこぶた」。

「もちろん、豚の役です！」

舞台のパンフレットを見せてくれた。ラシッドさんは、豚のぬいぐるみを着て、かぶり物をつけている。ピンク色の大きなブタ鼻がちょうどおでこに乗っかっている。ふふふ。哀愁というより、明朗快活な小劇場なのだった。

両親はアルジェリアからの移民。ラシッドさんはパリ郊外で生まれた。子どもの頃から本が好きで、出版社ではたらくのが夢だった。二十歳のとき、近所の書店員になった。ある日、本を買いにきた演出家に声をかけられて、気がついたら演劇の世界に。

「もう十五年になります。この仕事が合ってたんだなぁ、ぼく」

そう言って、大きな口の両端をニッと引き上げる。表情が豊かなのはもともとなのか、役者の経験を積んだからなのか。ついついラシッドさんの顔を凝視してしまう。

パリのとなり町のモントルイユで、コメディア・デラルテを勉強したんだという。コメディア・デラルテとは十六世紀のイタリアで生まれた喜劇のスタイルで、シェイクスピアやモリエールにも影響を与えたらしい。仮面をつけて人間くさい登場人物をユーモラスに演じるというから、日本の狂言にちょっと似てるかも。

「いばってるけど臆病な軍人とか、ケチで好色なじいさんとか登場するキャラクターの性格が決まっているんです」

話しながら、横柄《おうへい》な顔とすけべな顔を瞬時にしてみせるラシッドさん。おほほ、惹きつけられるなぁ。

「演劇だけで生活できますか？」

「どうにか食べていけてます。まぁぼくは、仕事と結婚しているせいもあるけど」

ラシッドさんの暮らしの安定は、フランスのショービジネス業界の失業保険制度に負うところが大きいという。映画、演劇、キャバレーなどではたらくフリーランスは、前年にはたらいた時間と収入額の証明書を提出すると、それに応じて次の年に最大六か月分の失業手当が出る。ラシッドさんは平均すれば月に千六百ユーロの収入があり、独り身だからそれでどうにか暮らしていけるのだと語った。

「ま、ぼくにとって、お金がいちばんじゃないことは確かです。お金がいちばん大事だったらこんな仕事を選びません。わははは」

あぁ、その大きな目。表現者の目。

人生を学んでいるあいだに手遅れになる。大事なことを後回しにするな。

——アンリ・ランディエ

空の色が淡く澄んでいた遅い午後、またモンマルトルの丘をぶらついていた。観光客が群れているところは避けて、裏の坂道や小さな階段を上ったり下りたり。ときどきパッと視界がひらけて、眼下にパリの街並みが広がる。街路樹をなでて吹く風が気持ちいい。

ここでフランシスコ・ザビエルは空を見上げて、パブロ・ピカソは酔っ払い、シャノワールの黒猫はしっぽを立てて歩いたのだなぁ。しみじみ。

そのとき突然、広岡さんが思い出した。

「あっ。そういえば、モンマルトルに画家の知り合いがいた。興味ある?」

モンマルトルの老画家

アンリ・ランディエ

* 家族は、50年連れ添う妻とふたりの娘
* 趣味は合気道
* 82歳

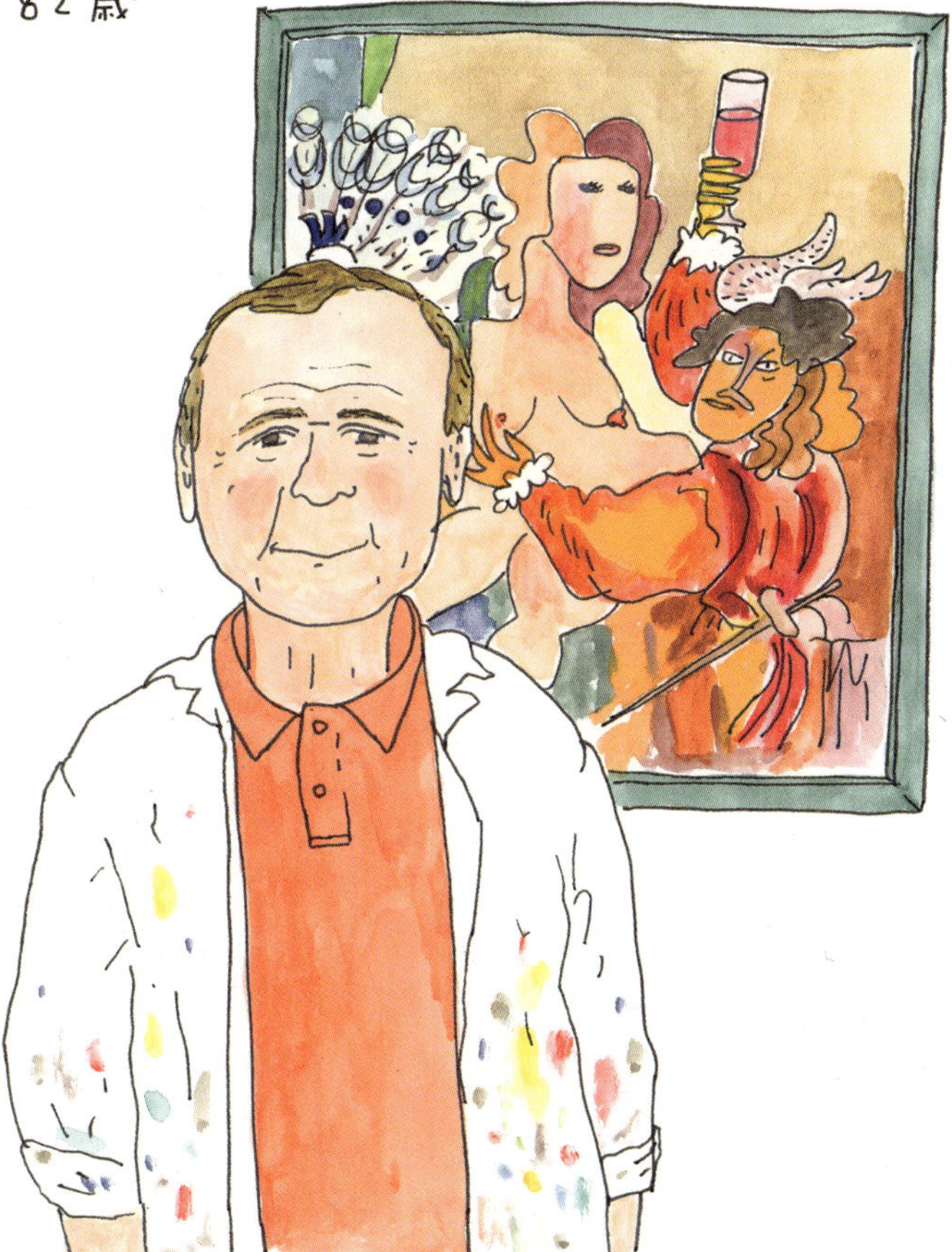

あるに決まっとる！

モンマルトルが画家たちの溜まり場だったのは、いまから百年ほど前のはなしだ。ピカソ、ユトリロ、マティス、ロートレック、ルノアール、ゴッホ……綺羅星《きらほし》のごとし。でものどかな街はずれだったモンマルトルは次第に都市化し、地価も高騰し、画家たちはセーヌの対岸モンパルナスへと拠点を移していった。二十一世紀のいま、この地区に画家が残っていたとは。

「きっとあの人は、モンマルトルの画家の最後のひとりだろうなぁ。はなしを聞かせてもらおうか」

広岡さんが電話をかけると、画家は地方へ出かけていて留守だった。残念だ。でも電話の向こうでうれしいことを言ってくれた。

「せっかくモンマルトルに来たんなら、アトリエを覗いていってよ。近所の人に鍵を開けるように言っとくから」

そんなわけで、あるじのいないアトリエを訪ねた。壁は白、床は緑、その二色で統一されている。緑のペンキが塗られたコンクリートの床には、いくつもの観葉植物と使い込まれたソファとテーブル、大量の画材と大量の作品、画集やファイル、アルバム、パンフレット、その他なんだかわからないものたくさん、が気ままに置かれていた。これだけのものがあっても、せせこましく感じないほど広い。天井は思いきり高く、天窓から柔らかい光がこの小宇宙に降り注いでいる。

あぁ、なんて気持ちがいいんだろう。滞在したのはほんの十五分ほどだったが、印象深い空間だった。ここのあるじはどんな画家だろうか。

後日、広岡さんがアトリエを再訪し、はなしを聞いてきてくれた。モンマルトルの老画家が語る人生の断片はひじょうに興味深いものだった。とくにピカソのくだり。あぁ、ピカソ、そういう人間だったのか。以下、広岡レポートより。

ぼくは一九五二年からずーっと、モンマルトルにいます。第一次大戦後、画壇の中心はモンパルナスに移った。それでもぼくが住みはじめた頃はモンマルトルにも十五人ぐらいの画家が残っていましたよ。ぼくのように、画壇から離れて静かに仕事したいという人が多かった。家から二十メートルのところに、かつて夜な夜な芸術家が集ったシャンソン酒屋「ラパン・アジル」があったけど、当時すでに観光客向けの店になっていました。

生粋のパリっ子ですよ。子どもの頃から絵が好きで、みんながサッカーをしているとき、ひとりでルーブル美術館に出かける小学生でした。十七歳で画家になろうと決めて、パリのボザール（美術学校）とアール・アプリケ（美術応用学校）の両方に行きました。

ボザールでは美的センスを、アール・アプリケでは絵の具の混ぜ方や表現方法など技術を身につけました。

そのあと油絵をジャン・デスパルデスに師事し、版画をモンマルトルのラクリエール工房で習いました。当時ラクリエール工房には、たくさんの画家が集まっていました。カルデール、ミロ、スーラ、ブラック、それから藤田《ふじた》嗣治《つぐはる》。藤田は、ぼくが出会った頃はもう有名人でしたが、とっても魅力的な紳士でした。ダリもよく来ました。ダリはね、マスコミで見る通りの人。とにかく目立ちたがり屋で、いつでも注目されていたい。それが生まれ持った性格だったんでしょう。

ぼくはフランスで唯一、絵を直接販売している画家だと思います。絵画は基本的に画商を通して売買されるもの。ですから、画廊や美術業界の人にとってぼくは煙たい存在でしょうね。ぼくもかつては画商を通していたけど、商人の思惑に左右されずに自由に描きたいと思っていました。それで一九七五年にこの広いアトリエに移ってからは、年に一度ここで展覧会を開いて、お客さんに直接売ることにしたんです。

画商を通さなければ、その分、作品を安く提供できます。画廊がつける価格の半分で売ることができる。絵に高い値段をつけたほうがいい、と忠告してくる人もいます。この世

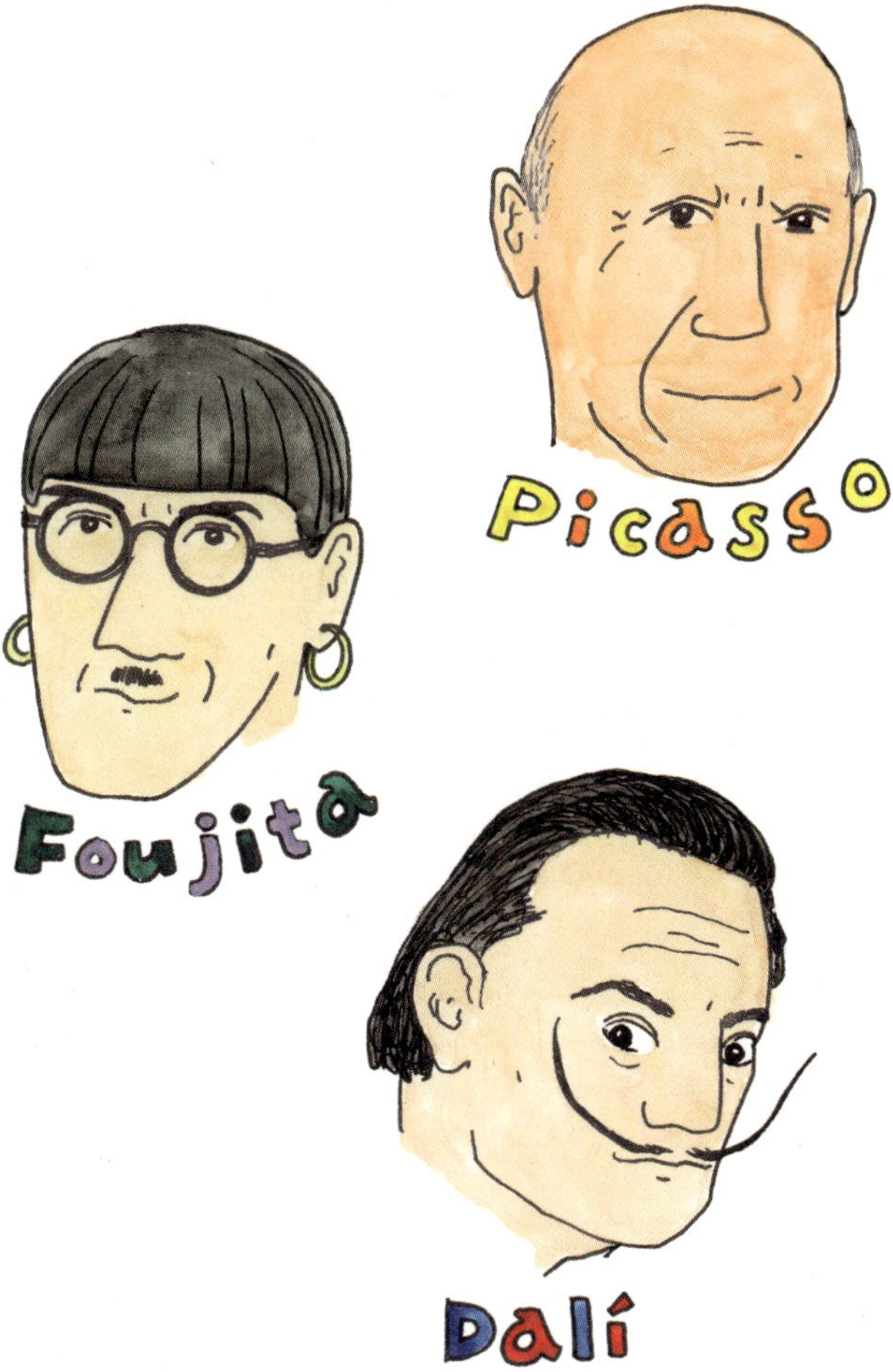
Picasso
Foujita
Dalí

界では「絵の価格＝画家の格付け」ですからね。でもぼくは、そんなバカバカしいシステムに組み込まれたくない。先日、サザビーズのオークションでベルナール・ビュフェの絵に百三十万ユーロという値がつきました。ビュフェはぼくの友人だったし、お互いに作品を認め合った仲間ですが、ぼくは彼と同じ道を歩もうとは思わない。

芸術は経済に蹂躙《じゅうりん》されてしまいました。百万ユーロで売れれば傑作だということになる。こんなことをはじめたのはピカソなんです。ピカソとはラクリエール工房で一緒でした。出世欲の強い、まったく嫌なやつでした。だから成功したんでしょう。

そうそう、去年、忘れられない出来事がありました。一九五四年に、あるアメリカ人の夫婦がぼくの「クリシー広場の縁日」という絵を買ってくれました。ちょうど夫婦でフランスを旅行しているときに、ぼくの絵を見つけてくれたんです。以来ずっとクリスマスカードのやりとりを続けていました。エンジニアだった夫は亡くなってしまったけれど、その後も夫人との交流が続きました。でも去年、カードが届きませんでした。「今年はカードが来ないね」と家族と話していたら、二週間ほどして電話がありました。ご夫妻の息子さんからだった。「じつは母が亡くなった。生前、棺桶にあの絵を入れてほしいと言っていたので、遺志をかなえてあげた」と言うのです。あの夫妻が初めて買った絵がぼくの

「クリシー広場の縁日」だったそうです。生涯あの絵を愛してくれた。そしてあの絵とともに旅立った。すばらしいはなしだ。こんな幸せにめぐりあえる画家はあまりいないでしょう。

最近ぼくが絵のテーマにしているのは「ラ・ヴィ（人生、生命）」です。人生の神秘を描きたい。どうしてわたしたちはここにいるのか？　なぜ人は生きるのか？　哲学的な問いです。それを絵で表現したい。

ルイ・アラゴンの詩に「人生を学んでいるあいだに手遅れになる」という美しいフレーズがあります。ぼくはときどきそのことを考える。アラゴンとは親交がありました。ぼくよりずいぶん年上でしたが、とても落ち着いた人でした。肖像画を二回描かせてもらいました。

人生を学んでいるあいだに手遅れになる。だから大事なことを後回しにしてはいけない。人生とはそういうものなんだと思います。

METRO
RO

ちょっと寄り道2

フリーメイソン博物館

煤《すす》けた路地を歩いていたら、眼前にどどーんと大きくてしゃれたビルが現れた。広岡さんが壁に掲げられた文字を読んで言う。

「フリーメイソンの建物だね。入ってみる?」

「え?　入っていいんですか」

「入ったことないけど、ダメなら止められるだろ」

止められるまで行ってみる。止められてから考える。自粛せず、ドカドカゆくべし。そしたら、まんまと入れてしまった。

ロビーを、きちんとした身なりの紳士たちがにぎやかに行き交っている。「経済学者と哲学者を招いての討論会があるんですよ」と受付の青年が説明してくれた。奥は博物館になっていた。照明を落としたエレガントな展示。ガラスケースのなかに、大きなコンパスや古文書が浮かび上がっている。

「ようこそいらっしゃいました」

とにこやかに近づいてきたのがフィリップさんだった。お腹まわりに貫禄がある。

「フリーメイソンのことはご存知ですか」

「いえ、あまり」

「どんなイメージをお持ちですか」

「ええと……」

口ごもると、どうぞどうぞ思った通り言ってごらんなさい、というように柔らかい笑顔でうなずく。その笑顔に乗せられて言った。

「世界を裏で操っている秘密結社、でしょうか」

「わはは、そうですよね、よくそういうふうに言われるんです」

なぜかうれしそうなフィリップさん。

それから三十分ほど、展示物を前に、フィリップさんがフリーメイソンの概略を語ってくれた。ルーツはスコットランドの石工《いしく》組合で、だから石工の道具であるコンパスと定規がシンボルマークになっている。一七一七年の夏至の日に、ロンドンで結成された。

「今年でちょうど三百年です！」と、フィリップさんは誇らしげ。

かつてヨーロッパには貴族、僧侶、民衆の三つの階層があったけど、フリーメイソンは階層に関係なく人びとが話し合える初めての場となった。でもカトリックとは対立し、いまでもそれは尾を引いているという。

「フランスでは十八世紀、フリーメイソンだった啓蒙思想家ディドロが『百科全書』を作りました。二十八巻からなる壮大な百科事典。でもカトリックの聖職者たちは、神様が創った世界を人間が知る必要はないと言って、これを否定したんです」

わはは、すごい理屈。思うに、人間は神様よりずっとゲスにできている。知りたい気持ちを我慢するなんて無理なんだ……。

知りたがりのフリーメイソンのなかには幾人かの思想家がいて、彼らはフランス革命やアメリカ独立戦争の精神的支柱となっていく。だから、フランス革命もアメリカ独立もフリーメイソンの陰謀だった、なんて言われるわけだ。その後もフリーメイソンには、政治家や実業家など社会に多大な影響力を持つ人が名を連

フリーメイソン博物館で出会った

フィリップ・バルジュノー

＊化粧品会社勤務　＊51歳

＊フリーメイソンは、入会はむずかしく、退会は簡単だという。「カルト宗教とは逆なんです」

ねてきた。

「誰でも入会できますよ。十八歳以上で、経済的に自立していて、犯罪歴がなければね」

人種や宗教を理由に入会を拒むことは一切ないという。

「もちろん極右の人や極端な原理主義者はダメですけど」

かつて女性は入会できなかったが、いまフランスには世界最大規模の女性のフリーメイソン組織があるとか。

フィリップさんは三十二歳のときに入会した。「なぜ」と尋ねると、照れくさそうに「入会理由は人それぞれで、わたしの理由はあくまでわたし個人のはなしなのですが……」とゴニョゴニョと前置きしてから教えてくれた。

「その頃、政治に落胆したんです。わたしはこの国をもっといいものにしたいと思いました」

フリーメイソンに入る前もなにか政治活動をしていたのだろうか。もう少しつっこんで訊こうと思ったが、フィリップさんははにかんで話題を変えた。

「よかったら、タンプルをご案内しましょうか」

「タンプル？」

どうやら英語のテンプル、すなわち神殿のことらしい。

「この建物のいちばん奥にある聖なる場所、イニシエーションをする空間です」

フィリップさんは腕時計に視線を走らせて言った。

「いまの時間は誰もいないから、特別にお見せできます」

思わぬ展開。どんなところでも、とりあえずドカドカ入ってみるもんだ。

フィリップさんにいざなわれて、岩が置かれたふしぎな廊下を進んでいく。その先には、白と黒のシンプルな調度品が置かれたモダンな空間が待ち受けていた。

「ここに会員たちが集まって会合を開きます。最初に「あなたはフリーメイソンですか」と尋ねられ、「わたしの兄弟はそう認めてくれています」と答えるのが決まりです。ここでは、他者に認められることが大事ですから。あ、わたしたちはメンバーのことを〝兄弟〟と呼びます」

フィリップさんの説明はよどみない。

会合は月に二回、二時間ずつ。話し合われたことはレポートにして国会に送る。最近の議題は、遺伝子組み換えや安楽死だという。

「わたしたちは、社会を支配しようなんて思っていません。ただ、社会にいい影響をおよぼすことができたらと考えているんです」

なるほど、それがフリーメイソンの役割なのか。表立って見えないところで、社会の決定に関与する。フランスで一九六七年にピル解禁の法律ができたときも、フリーメイソンの意見が反映されたらしい。「当時の兄弟たちは、避妊反対派の人からずいぶん嫌がらせを受けたらしいですなぁ」とフィリップさんは目を細める。

「それってつまり、自分と同じ意見に世界を染めていくのが目的なんですか」

単刀直入に訊いたら、フィリップさんは愉快そうに否定した。

「ハハハ、そんなことはありません。そもそもフリーメイソンにはいろんな人種、宗教、職業の人がいますからね、みんなが同じ意見になんてならない。そこがおもしろいところですよ。同じ意見の人だけが集まっている集団だったら、わたしなんかとっくにやめているでしょう」

ふうむ。

タンプルは、白と黒の 空間だった。

自分がフリーメイソンであることは他人にしゃべってもかまわないが、自分以外のメンバーの名前を口外するのはご法度《はっと》。メンバーどうしがタンプルの外で会っても、フリーメイソンのはなしはしないのだと言った。

「初めて会った人でも、話し方やことばの選び方で、あぁきっとこの人はフリーメイソンだなと感づくことはあります。目を合わせて、あぁやっぱりそうだ、とお互いにわかるんですよ」

ふふ、まるでスパイどうしが潜入先ですれ違うみたいだ。世界じゅうに数百万人もいる兄弟たちと、お互いそうと名乗らずに邂逅《かいこう》するのは痛快な一瞬だろう。

ま、でも。年をとってくると、自分と似ている人間は会ったらすぐにわかるから、それと似たようなもんか。

3

おいしい
おじさん

落ち込んだときには旅行するか小さい子どもの相手をするといい。

――ステファン・ジラール

パリのおじさんにはなしを聞くとき、お昼どきであれば「じゃ、ランチしながら」という展開になる。適当な食堂に入り、テーブルに座り、メニューを広げ……。そこで必ず「ワインどうしますか」となる。なんてすばらしい国だろう。平日である。みんな昼食が済んだらすぐ午後の仕事だ。それでも当たり前のようにワインを注文するのだ。感心していると、広岡さんが「フランスでは、高速道路のサービスエリアの食堂でもワインが飲める」と言うので驚いた。「ただし」と付け加えたので、「運転する人は飲めない」と言うのかと思ったら「食事と一緒にオーダーしなければいけない」だって。ひっくり返りそうになった。食事の際のグラス一杯のワインは酒気帯び運転にならないという。こ

マーケターからワイン屋に

ステファン・ジラール

* 趣味はレストランめぐり。
「ワインを発見しに
いきます」

* 54歳

の国では、ワインのない食事などありえないのだ。念のため在フランス日本大使館のホームページを確認すると「〇・五〇g／ℓ未満のアルコール濃度であれば、当地ではなんら注意を受けることもなく運転を続けることができてしまいます」とある。ふはは。「できてしまいます」という言い方がおもしろい。

そんなワインの国の街角に、感じのいいワイン屋さんを見つけた。落ち着いた深緑色の壁が美しい通りに馴染んでいる。扉を開けると、丸顔に丸いメガネをかけた店主が迎え入れてくれた。いかにも「おいしいものを知っている」という顔つき。

店では三千種のワインをあつかっていて、

「もちろんすべての味を知っているよ」

とステファンさんはほほえんだ。全部、自分で味を確かめて仕入れている。だからもしお客さんから「この店で買ったワイン、おいしくなかったよ」と言われたら、お金を返す。一種の頑固者である。

そして根っからの食道楽でもある。

「今夜もマンダリンオリエンタルのティエリー・マルクスがやっているレストランを予約してあるんだ。シェフソムリエはあのダヴィッド・ビロだよ」

と、その固有名詞だけでミシュランの星がいくつも並ぶようなことをペラペラペラペラと言った。ほかにもパリとその周辺の行きつけのレストランをペラペラペラペラとあげてくれた。ひとつも知らないよと思いながら、せっせとメモをとる。

「パリにはおいしい店がたくさんあるけどねぇ、ぼくがいちばん好きなのは、ジュラ地方のアルボアにあるジャンポール・ジュネ。素材は新鮮、調理は最高、店もお客さんもじつにゆったりしている。いつか行ってみるといい」

ステファンさんがこの店をはじめたのは八年前。四十代半ばまで大手旅行会社でマーケティングの仕事をしていた。まったく違う業界にいて、なぜ転職したのかと問うと、

「年をとってきて、なにか新しいことをはじめたいと思ったんだ」

と最初はそう答えた。だが、しばらく話しているうちに本当の理由を教えてくれた。リストラされたのだという。

「同じ頃、離婚もしてね。どん底だった」

そうだったのか。ボルドーにシャトーを持っている幼なじみにすすめられて思い切ってワイン屋さんをはじめることにした。あるワイン小売チェーンと十年契約を結んだのだが、親会社が一年後に潰れてしまった。

「想定外なことばかり。でもチェーンに属さないほうが自分の好きなようにやれる。むしろラッキーだったと思おう、と気持ちを切り替えたんだ」

以来、みずからの裁量で店を軌道に乗せてきた。逆境にあっても気持ちを切り替える。それがステファンさんのやり方なんだろうなぁ。

「落ち込んだときは、旅行すると元気が出るよ。いろんな文化に触れるのがいいよね。それから小さい子どもの相手をするのもいい。気持ちが明るくなる」

話しているうちに、友だちが五、六人集まってきた。ステファンさんはひとりひとりとハグをして、シャンパンを一本、白ワインを一本あけてふるまう。ついでにわたしと広岡さんにもおすそ分けしてくれた。

グラスを押しいただいて、訊く。

「ワインを楽しむコツはなんですか?」

「香りがいちばん大事だからね。まず香りに集中すること。そこにエレガントさはあるか。強過ぎる香りもいけない。とにかく香りを感じるんだ。それからあとは……好奇心を持つこと」

乾杯。

おじさんの好奇心と、わたしたちの好奇心に。

広岡さん おすすめ
ワインのおいしい組み合わせ

生牡蠣

×

ミュスカデシューリー

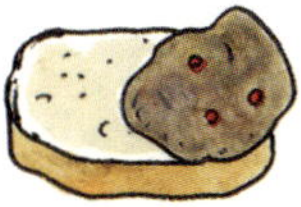
フォアグラのパテ

×

貴腐ワイン

クスクス

×

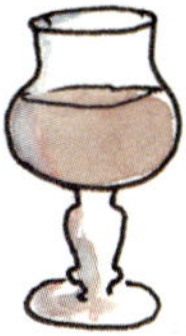
グリワイン

ほとんどの問題は、他者を尊重しないから起こる。

――ファイサル・アベス

ある日のお昼。あーお腹すいた、なに食べましょう、と広岡さんと顔を見合わせた瞬間、ひらめいた。

「クスクス！」

北アフリカに行ったことがないわたしにとって、クスクスはフランスで楽しむ料理だ。パリ滞在中に一度は食べておかないと。

たしかこの近くに昔からやっているクスクス屋があったはず、と連れていってくれたのは「Chez Hamadi《シェアマディ》」という小さくて気取らない店だった。天井や壁にナブール焼きの陶器がぶらさがっている。

広岡さんは子羊とメルゲス（辛いソーセージ）を、わたしは肉だんごとメルゲスを注文した。クスクスに合うという灰色《グリ》ワインも忘れずに。

ほどなくして人懐こい笑顔のおじさんが、野菜たっぷりの赤いスープと、大盛りのクスクスを運んでくる。おいしい色と匂いがテーブルの上にあふれて、あぁ、豊かな気持ち。おじさんの娘らしき小さな女の子が取り皿を運んできて、かわいい声で告げた。

「ボナペティ（めしあがれ）」。

このクスクス屋は一九六三年創業。「親戚がはじめて、三十年前からおれが引き継いだんだ」とおじさんが説明してくれた。一族はチュニジアの海辺の町マディアからパリに移り住んできたという。おじさん自身はパリ生まれの移民二世、名前はファイサルさん。

ほかのお客さんがいなかったせいもあり、雑談に花が咲く。娘のアヤちゃんは十歳で、バスケットボールとフィギュアスケートが好き。ファイサルさんの趣味は水泳。店を閉める午後三時から六時のあいだに毎日プールに行く。わいわい話していたら、

「よかったらこれ、味見してみてよ。チュニジアの酒」

とイチジクの焼酎をふるまってくれた。へぇ、チュニジアはイスラム教の国なのにお酒があるんだと驚くと、ファイサルさんはおどけて言う。

「あのね、イスラム教徒が酒飲んじゃいけなかったのは昔のはなし。それにね、イスラムの教えでは、飲酒がダメなんじゃなくて、酔っ払ったらダメなんだ。酔っ払わなければいいんだもん」

ほんまかいな。ずいぶん都合のいい解釈に、脱力して笑ってしまう。

それがきっかけとなって、ファイサルさんは「フランスのイスラム教徒」の立ち位置を説明してくれた。とても興味深いはなしで、あぁ、わたしはこのはなしを聞くためにクスクスを食べにきたのだ、と思った。

おれはイスラム教徒だし、イスラム教が好きだよ。でもアイデンティティの軸足は「共和国の市民」ってところに置いてる。フランスは共和国で、いろんな人が一緒に暮らす国でしょ。その一員であることが、自分にとっていちばん大事だ。

まぁ、もともとチュニジアのイスラム教はスタイルには厳しくなかった。うちのじいちゃんとばあちゃんは、毎日五回のお祈りは欠かさなかったけど、ばあちゃんは髪をスカーフで隠してなかったし、じいちゃんもヒゲをたくわえたりしてなかった。

おれはフランス生まれだから、最初から「イスラム教とイスラム主義は違う」と思って育ってる。きっと、どんな宗教でもそうなんじゃないかな。信仰を持つことと、その思想

老舗クスクス屋の店主

ファイサル・アベス

＊チュニジアのクスクスのスープは赤く、　＊50歳
モロッコのそれは白い

を絶対視してほかの考え方を尊重しない「主義者」になることは違う。いま世界で起きていることは、イスラム教とは関係ない。ただ憎しみを増幅させているだけだ。ほとんどの問題は、他者を尊重しないから起こるんだ。

　預言者ムハンマドはね、みんなが共存するためにこの世に現れたんだよ。うちの孫はキリスト教系の学校に通ってるんだ。ロンドンに住んでるいとこも今度、キリスト教徒と結婚するんだって。彼女の人生だ、それでいいと思う。

　つまりこれが、「フランスのイスラム教徒」ってことなんだ。おれは、「あなたの宗教はなんですか」って訊かれたら「フランスのイスラム教」と答えるさ。イスラム教徒だけど、その前に共和国の一員なんだよ。


　イチジクの焼酎を舐めながら、尋ねた。

「アヤちゃんが、ほかの宗教の人と結婚するといったらどうしますか」

　ファイサルさんは「そう訊かれると思ったぜ」という感じに苦笑いして言った。

「認めるよ。そうなったらもう反対したって仕方ないだろ」

　そばにいたアヤちゃん本人は、はにかみながら父親のことばを聞いている。

　最後にファイサルさんはチュニジアのお菓子を包んでくれた。ものすごーく甘かった。

フランスのイスラム教徒

「フランスのイスラム教徒は、安らぎと平和とフランスの社会的、文化的文脈を尊重する中で宗教の戒律を守らんと志《こころざ》す」

「我らの信仰が、宗教や肌の色や出自を区別することなく、隣人の平和、正義、兄弟愛、連帯、愛を招かんことを」

二〇一五年十一月のパリ連続テロのあと、フランスのイスラム教関係者が一堂に会して発表した「フランスのイスラム教徒の市民宣言」の一部です。

まさに、クスクス屋のファイサルさんの生き方そのもの。

フランスのイスラム教徒はずっとそうでした。スカーフを被っている女性はほとんどおらず、ましてや顔と全身を覆《おお》うブルカを着る女性をパリの街角で見かけるようになったのはごく最近のことです。

いまわたしたちが接するキリスト教もユダヤ教も仏教も、数世紀にわたる「近代」との確執を経て進化した姿です。イスラム教も例外ではありません。

しかし、どの宗教にもそれを拒否する原理主義者はいます。彼らは、人権や科学的事実を否定し、ときには過激な行動に走ります。

宣言はこうもいいます。

「テロ組織Daech（ＩＳのことです）が世界じゅうで、そして大部分のイスラム教徒に対して犯す凶悪犯罪は、我らが宗教の原理と基盤と完全に矛盾する。これらの行為は、我らの信仰と人間性を傷つける」

イスラム過激派が新聞社を襲撃したシャルリ・エブド事件のあと、パリでは百五十万人が抗議デモに参加しました。特別な服装をしていないのでニュース映像では分かりにくかったかもしれませんが、そのなかにはたくさんのイスラム教徒の姿がありました。（広岡）

料理人はテクニックを見せてはいけない。テクニックは食べられない。

——ジャッキー・リボー

「やぁやぁ、お待たせしました！」

約束の時間を十分ほど過ぎて、豪快な声が近づいてきた。

十一区の閑静な小道に面したレストラン「Qui Plume la Lune《キプリュムラリュンヌ》」。ミシュランの星を持つ人気店だ。シェフのジャッキー・リボーさんが、休憩時間にはなしを聞かせてくれるという。

満面の笑みをたたえてジャッキーさん登場。大きな体をカジュアルなジャケットで包み、白髪まじりの頭髪をちょんまげにしている。握手を、バシッと。分厚い手のひら、太い指。ふふ、迫力があるなぁ。

ミシュラン星付きレストランのシェフ

ジャッキー・リボー

＊「料理以外に大切はものはない」
と言ってから、あわてて付け加えた。
「あ、あった！妻と娘」。娘は11歳

＊46歳

ブルターニュの田舎の生まれ。家は畜産農家だった。

「毎朝、牛の乳をしぼるんだ。ぼくは牛の乳房から直接ミルクを飲んでいたよ」

「年に三回、豚を殺して食べる日があってね。家族や近所の人がみんな集まって、長い時間をかけて食べる。そりゃあもう、お祭りみたいな騒ぎだよ」

「ときどき鶏や鳩も殺して食べた。鳩はね、手が大きい父さんは一度に五羽しめる。でも小さかったぼくの手では一羽をつかんでギュッってするのが精いっぱいだったな。鳩をしめるときは血が出ないように注意しなきゃいけない。血を体内に残しておくほうがおいしくなるからね」

「八歳の誕生日プレゼントに、父さんが土地をくれた。家の敷地のほんの一角なんだけど、この土地はお前の好きなように使っていいぞって言われて、ぼくはそこをトウモロコシとトマトの畑にしたんだ」

ジャッキーさんの子ども時代の思い出はぜんぶ、土の匂いがする。先祖代々の土地。体を使って労働するのが当たり前。にぎやかな七人の子どもたち。きっとお父さんも分厚い手のひらをしていたんだろう。

そして少年は、料理人を目指す。

十五歳でレストランの見習いになった。週六日、朝八時から真夜中二時まで休みなし。その過酷さをジャッキーさんは「古いスタイルの修業、軍隊みたいな」と表現した。その店を皮切りに、彼の「旅」がはじまる。

ブルターニュの名店、十五人の料理人がひしめくなかでアシスタントのナンバー2にのぼりつめた。アルプスのシャモニーにあるレストラン、厳しい老シェフに育てられた。スイス・チューリヒの高級ホテル内のレストラン、野菜の責任者に。パリに移り、肉の魔術師と呼ばれたアラン・パッサールのレストランへ、ただしパッサールとは性格が合わなかった。小さなビストロで、リヨン風ソーセージなど気取らないビストロ料理をおぼえた。三十年以上三つ星を守り続けてきたタイユヴァン、肉料理の腕を鍛えた。天才料理人ピエール・ガニアのレストランでスターシェフになったが、ガニアとはよく喧嘩した。五回くらい頼みこんでピエール・エルメの店に入れてもらい、パティスリーを学んだ。タイユヴァンから独立した先輩の店で、シェフパティシエに。もともとキャバレーだった大型店アルカザール、毎日三、四百食を作った。仙台の勝山《かつやま》酒造が開いたショーザン、かつお節としょう油、海藻、豆腐に目覚めた。二十数人の料理人がいる中華料理店、いい給料をもらった。それから……。

「まだあるの?」

「まだまだあるよ。もういい?」

と言って、ジャッキーさんはほがらかに笑った。

いま書き出しただけでも長々しいけれど、実際のインタビューでは、それぞれのレストランのオーナーの人柄、先輩料理人とのやりとり、メニューのはなしなど、大河ドラマのような経歴は途切れることなく語られた。見習いから含めると二十軒以上のレストランを渡り歩いてきたという。

「料理人って、そんなにたくさん職場を変わるものなんですか」

と問うと、太い指であごをなでて言う。

「うん、ぼくはたくさん変わりたかったんだ。同じ料理人の下に長くいると、その人のコピーになってしまう。だから、どこまでも料理の旅を続けたかった」

料理の旅——、結局それは二十四年に及んだ。あ、途中で一年間兵役にとられたから、二十三年というべきか。

「苦しいときいつも、父さんのことを考えた。骨惜しみせずはたらいていた父さんの姿を思い出して、それを励みにしたんだよ」

そして二〇一〇年、ジャッキーさんはついに自分の店を持つ。十五歳の少年は、三十九歳のおじさんになっていた。

あまたの厨房で身につけた料理のテクニックを結集させて、誰のコピーでもない新しい料理を提示してやる。そう意気込むジャッキーさんに、ある料理研究家が言った。

「テクニックを見せてはいけない。一に食材、二に食材、三に食材だ。食材をどう活かすかだけを考えなさい。テクニックは食べられない」

その教えを守って、開店からわずか四年、念願のミシュランの星をとった。わたしは「テクニックは食べられない」ということばを噛み締める。

長いはなしが終わろうとしていた。ジャッキーさんは「ほかに聞きたいことは？」とわたしの顔を覗き込んだ。

うん、もう、十分。お腹いっぱい。

そんな仕草をしたら、ワハハと笑って言った。

「ぼくの料理の旅はまだまだ続くよ」

厨房に立つジャッキーさん。

生まれ育った国にはもう帰らない。だからこそぼくは母国語を学ぶ。

――シヴァクルマール・シタムパラナデラジェン

しばしば取材先でお菓子が出る。喜んでいただく。甘いものが苦手な広岡さんの分までいただく。だが、フランスのお菓子は総じて甘過ぎる。取材が終わる頃には体じゅうに甘味がまわって、わたしは「にがいものか、からいもので中和したい！」と騒ぐことになる。だいたいはカフェに行って、エスプレッソを飲んで対処する。席に座って飲むと二、三ユーロだけど、カウンターでの立ち飲みなら一ユーロちょっと。

その日も「全身が甘い」と訴えるわたしに広岡さんは言った。

「じゃあいっそ、カレーを食べにいこう」

いいねぇ。ホクホクと北駅の脇に広がるインド人街を目指した。

その通りには、みごとにインドっぽいものしかなかった。サリー、ガネーシャの置物、インド映画のDVD。そして、たくさんのカレー屋さん。

「わぁ、ここはインドですね」

「やっぱりインドカレーはおいしいなぁ」

「インド人がつくるナンは最高だわ」

などとインドを連発しながら、カレーを堪能した。

食べ終えて、界隈をぶらぶら。街ではなしを聞くと「スリランカから来た」という人ばかり。あれ、インドじゃなかった。となりのスリランカだったか。それにしても、なんでスリランカ人がこんなにいるんだろ？

角を曲がると、スリランカの人がぞろぞろと入っていく建物があった。われわれも入ってみる。受付のおじさんはとがめる風もなく、迎え入れてくれた。

「ここはタミルの学校です」

タミル！　そうだったのか。

スリランカには昔からシンハラ人とタミル人がいて、ずっと平和に暮らしていた。数が多いのはシンハラ人。だが、イギリスが植民地支配することになってタミル人ばかりを重用した（宗主国はいつだって余計なことをする）。

イギリスから独立すると、ずっと我慢してきた反動でシンハラ人がいばるようになる。政府や軍隊など権力の座をシンハラ人が独占し、タミル人を差別する。もともと少ないタミル人は追い込まれ、「こうなったら独立するしかない」と反政府闘争をはじめた。結成した武装組織の名前が「タミル・イーラム解放のトラ」。シンハラ人の「シンハラ」は「ライオンの子孫」という意味なので、それに対抗してトラという名を付けたらしい。ライオンvsトラって、どう考えてもやばい。案の定、血で血を洗う殺し合いに発展した。一九八三年にはじまったスリランカ内戦は、二〇〇九年まで続くのである。


学校の受付のおじさんは、英語混じりのたどたどしいフランス語で説明してくれる。

「スリランカから逃げてきたタミル人の子ども、ここでタミルの歴史や文化を学ぶ」

そこへ別のおじさんが通りかかった。丸い顔に丸い鼻、知的で穏やかな雰囲気をたたえている。先生かと思ったら生徒だという。名前はシヴァケルマールさん。

「ぼくでよかったら、なんでも聞いてください」

と笑って、ソファをすすめてくれた。

カレー屋街のタミル人

シヴァケルマール・シタムパラナデラジェン

＊ SivaKerMar (シヴァケルマール) が姓。
名前が長い! 母親からは
「ソレシュ(太陽)」という
ニックネームで
呼ばれている

＊ スリランカにいるときは
クリケットをよくやった

＊ 41歳

シヴァケルマールさんが祖国を出たのは十九歳のとき。当時、薬学を専攻する学生だった。でもとある事情で、急に出国することになったのだという。

とある事情とは、一九九六年一月に起きた中央銀行爆破事件。「タミル・イーラム解放のトラ」が起こしたテロ事件だ。爆弾を積んだトラックに乗ったトラの兵士たちが、銃を乱射しながら銀行に突撃して自爆。およそ八十人が死亡、千三百人以上が負傷した。このとき近くのホテルにいた日本人六人も巻き込まれてけがをしている。

「事件のあと、父が逮捕されたんです」

と聞いて、息をのむ。

シヴァケルマールさんの父親は事件とは無関係だったが、犯人と少しでも付き合いがあった人、周辺にいた人は根こそぎ逮捕された。お父さんは現場付近でスーパーマーケットを二軒経営していたから、犯人と接触したと疑われたのかもしれない。トラのテロに対して、ライオンの捜査も苛烈《かれつ》を極めた。

「このままここにいては、自分も危ない」

そう察したシヴァケルマールさんは、たったひとりで祖国をあとにした。その後、お父さんは釈放されたが、スーパーは政府によって強制的に廃業させられたという。

シヴァケルマールさんはロシア、ポーランド、ドイツを経由して、やっとのことでフランスまでたどり着き、亡命申請をする。当初、フランスでも薬学の勉強を続けようとがんばったが、うまくいかなかった。倉庫管理の仕事などでどうにかしのいでいる。家族はタミル出身の妻と六歳の娘。これからもずっとフランスに住むつもりだという。

「だからこそタミル語をもう一度勉強したいと思って」

と笑った。タミル語から長く遠ざかっていたが、四十歳を過ぎて学校に入った。いまは週に一度の授業で「自分のなかに母国語を取り戻しているところ」だという。

過去の体験を語るあいだは笑顔が少なかったシヴァケルマールさんだが、タミル語のはなしになるとたんに表情が生き生きしてきた。「インドには三百の言語があるんです」「なかには二万年前からある言語も」「タミル語の詩がまた、いいんですよ」なんて、うれしそう。そして「あっ！　そういえばあなたたち、日本人でしたよね」と急に目が輝いた。「タミル語から日本語になったことばがたくさんあるんですよ！」。たとえばタミル語の「カーラ」は日本語で「からい」の意だという。ほうほう。

ソファに座ってシヴァケルマールさんと話し込んでいると、若い男性が紅茶を淹《い》れて持ってきてくれた。砂糖がたっぷり入ったセイロンティー。カレーでからくなった口のなかは、いま再び甘くなるのだった。

te
Le KILO
Asperge
VERTE
7€95 Le KILO

Poire
William
2€99 Le KILO
Tom
3€95

ちょっと寄り道3

パリの地下散歩

パリは石の街だ。石の建物、石塔に石畳。その親玉はノートルダム大聖堂だろうか。九百年以上も前からどーんとそびえている。

「あの石はどこから持ってきたと思う?」

広岡さんにクイズを出されて、頭をひねる。ええと、パリ近郊に採石場があったのだろうか。答えは、

「地下から切り出した」

なんと!

パリの地下は、十二世紀から十九世紀まで石切り場だった。おかげでものすごく長く込み入った地下坑道と、石を切り出したあとの巨大な空洞ができて、それはいまも残っている。地上に二百二十万人超がひしめく大都会は、地面の下にも巨大な空間が広がっているのだ。

さて、そんな地下世界の虜《とりこ》になったのが、ジル・トマさん。パリ市役所に勤める公務員……というのは、むしろ仮の姿。「地下おじさん」こそが、ジルさんの真の姿である。わたしと広岡さんは、ある週末、ジルさんの案内でパリの地下に潜ることになった。そこはまさに興味の尽きないワンダーランドで、ジルさんもまたしみじみと余韻の残る地下おじさんであった。

「やぁどうも」

待ち合わせ場所にやってきたジルさんは、Tシャツにジーパン姿。手にヘッドライトをぶら下げている。挨拶が終わるか終わらないかのうちに、

「さぁ、行ってみよう」

せっかちだ。忙しいのかと思えばそうではなく、とにかくわたしたちを早く地下へ案内したくて仕方がないらしい。鉄道ファンが電車を見せびらかすように、切手マニアが好きな切手を並べるように、ジルさんは「ぼくの地下」を紹介する気満々なのである。

ひとつめの見学場所は、大きな病院の敷地内から入る石切り場跡だった。階段を降りていくと、もわっと熱気が押し寄せてくる。地下ってひんやりしているの

かと思ったら、けっこうあったかいのだ。

「ぼくは一年じゅう地下にいるから、いつもTシャツを着てるよ」

とジルさん。

地下二十メートルまで降りると、そこは巨大なアリの巣のようだった。照明があり、足場の安全は確保されている。ほとんどの場所は背を伸ばしたまま歩ける高さで、圧迫感もそれほどない。それでも地下道の入り組み方が複雑過ぎて、慣れている人と一緒じゃないととても歩けない。迷子になったら二度と地上に出られない気がする。

「ほらここに、昔の落書きがあるよ」

ジルさんが指したのは頭上の壁。

「1783 GERMAIN」

と黒い字で書かれている。作業員がろうそくの煤《すす》で書いたものだという。一七八三年といえば革命前夜だ。その頃ここにジェルマンという石工がいたのか。

「いや、石工じゃなくて、補強工事の作業員だと思う」

石切りがはじまった約九百年前、パリの町のサイズはいまよりうんと小さかった。中心部からちょっと離れたらもう誰も住まない空き地で、思う存分に地下

パリの地下をこよなく愛する

ジル・トマ

地下へとつづく廃線跡

＊ 年齢は、何度たずねても
「25歳」

＊ 地下探訪の必需品は、
ヘッドライト、長靴、
手袋、つなぎ服、
「それから長い脚！」

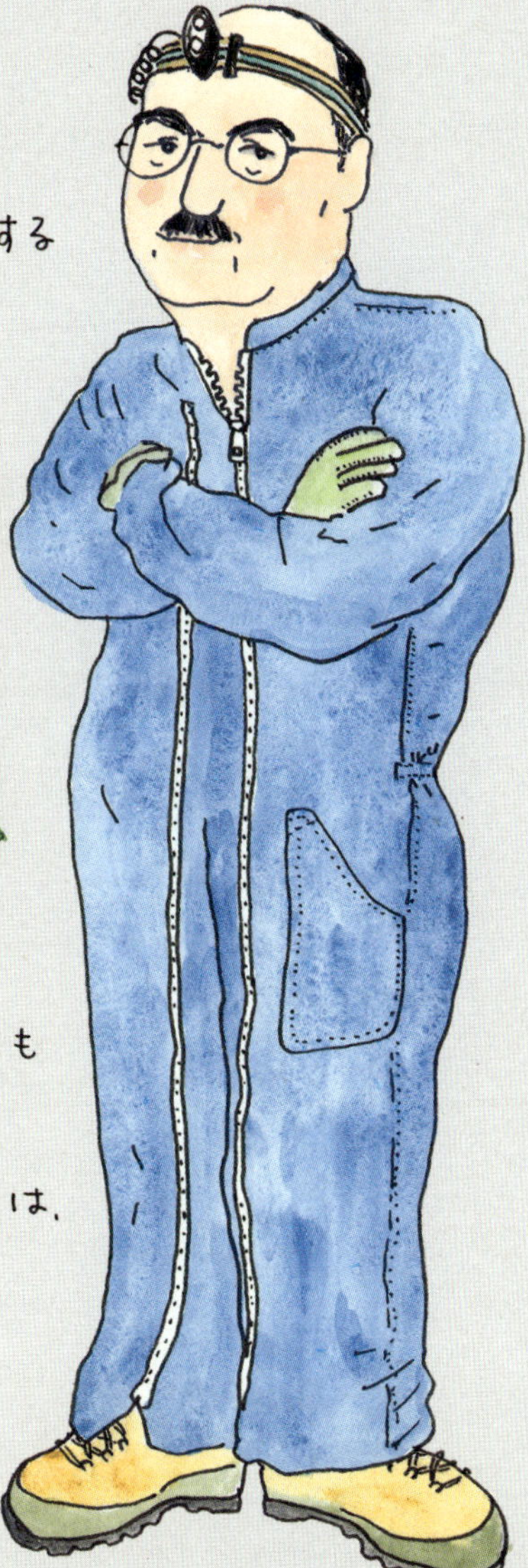

を掘り返し、石を切り出すことができた。ところがパリはどんどん拡大し、そのうち採石して空洞ができた上にも人が暮らすようになる。

「十八世紀になると、パリの周縁部で陥没事故が相次いだ」

ひょえー、恐ろしい。それで空洞を補強する工事が行われた。この落書きは、その補強工事の際に書かれたものだろうとジルさんは推測する。

「メートル法で測った跡なんかあると、革命後の作業だとわかるわけ。おもしろいでしょ」

とジルさんは愉快でたまらないという顔をする。ぽかんとしているわたしに、横から広岡さんが補足説明。「フランス革命のときにメートル法が定められたからね」。あぁ、なるほど。

いくつもの石切り場が地下でつながって、パリの真下に横たわっている。あるところではワインセラーとして利用され、あるところではマッシュルームの栽培所になった。戦時中は防空壕として機能したらしい。

かつて二百か所くらいあった地上への出入り口は、いまでは十か所ほどに減ってしまったという。

「アルジェリア戦争の頃、多くの出入り口が塞がれた。テロリストが地下道を悪用しないようにね」

パリの地下の歴史は、つねに地上の歴史と表裏一体だ。


つぎにジルさんが連れていってくれたのは、十四区の区役所の下にひっそりと残る防空壕の跡。とにかく地下空間がめちゃくちゃ多いパリだから、防空壕には事欠かない。第二次大戦中、市内四万か所の地下室が防空壕として整備されたという。ここもそのひとつ。


いたって堅牢だ。広い部屋がいくつも連なっていて、強固な扉が何重にもついている。ドイツ軍の毒ガス攻撃に備えての措置だとか。

「ここは地下病院になるはずだったんだ」

戦況が厳しくなった頃、パリ市では三十か所の地下病院を作る計画が進められていた。だがその前にドイツ軍が侵攻してきて、計画は頓挫《とんざ》した。

「ジルさんは、そもそもなんで地下に魅せられたんですか」

と問うと、

「それ、知りたい?」

と思わせぶり。広岡さんはとなりで「別に知りたくねえよ」って顔をしている。わははは。わたしはその仏頂面を横目で見ながら「うん、知りたい。教えて」と言った。ジルさんは満面の笑みを浮かべ、

「じゃ、もう一か所、とっておきの場所に連れていくよ！」

地上に出て数ブロック歩くと、アパートの前に出た。

「ここ、ぼくんち。三分待ってて」

と言ってジルさんはそそくさと自宅に帰り、戻ってきたときは青い全身つなぎ服をまとっていた。さっきまで手に持っていたヘッドライトも頭に装着済み。この風体は、どう見ても市職員ではない。

ジルさんが大学生だったある日、友だちが「廃線跡のトンネルのなかに、おもしろい地下道を見つけた」と言うので、一緒に探検しにいった。

「その日以来、ぼくはすっかり地下に魅せられてしまった」

それは二十五歳のことだった。それでジルさんは、何度年齢を聞いても「二十五歳」と答えるのだ。地下に出会ってぼくの人生ははじまったから、と。これまでに地下に関する本を七冊出版し、十五以上の記事を発表している。パリの地下に関しては第一人者だ。第二、第三がいるのか不明だけれど。

おしゃべりしながら歩いていくと、片側が草むらになっている道路に出た。

「着いたぞ！　ぼくが地下にハマるきっかけになったトンネルを案内するよ」


道路脇の草むらにズカズカと入り、斜面をズズズと降りると、そこは廃線跡だった。少し先に真っ暗なトンネルが残っている。わたしと広岡さんにもヘッドライトが配給されて、それぞれ頭に装着。探検隊はトンネルに突入し、そろりそろりと前へ進んだ。隊長だけはスタスタと先を行く。全長は九百メートル。

トンネル内はひんやりとして、ところどころに水が溜まっている。光がまったく届かない内部で、子どもたちの声が聞こえる。む？　なんで？

「ずっと上のほうに通気口があるんだよ。それが公園に通じてるんだ」

天国で遊ぶ子どもたちと、地獄を行軍する我ら。まったく別の時空を生きているような不思議な感覚がわく。

トンネルのなかほど、壁に人ひとりがやっと通れるほどの穴があいていた。ジルさんは大きな身をかがめて、そこへ入っていった。地下坑道になっているらしい。なるほど、このために汚れてもいいつなぎ服に着替えたのか。

「おーい、君たちも入っておいでー」

奥からうれしそうな声がする。広岡さんは「おれはやめとく」と早々に戦線離脱。わたしは泥だらけになる覚悟で穴に入っていった。ヘッドライトが壁を照らすと落書きが見える。ずいぶん奥まで続いているようだった。

「ジルさんは、どのくらいの頻度で地下に潜っているんですか」

「週に一回のときもあれば、週に十回のときもあるなぁ」

週に十回って、おいおい仕事はどうしてるんだと思ったら、

「ぼくは、みんなみたいにバカンスに出かけたりしないのさ。夏休みも有給休暇も、すべて地下に潜ることに費やしている」

車も、時計も、パソコンも、テレビも、クレジットカードも持っていないという。地下に潜るか、地下について図書館で調べものをするか、興味があるのはそのふたつだけ。徹底している。あえて確認しなかったけど、妻やパートナーも持っていなそうだなぁ。

「ぼくの人生のモットーは、満喫すること」

そうだよなぁ、荷物が多いと満喫できないもんなぁ。モグラのように地下に生きるヘンテコなおじさん。その姿はなんだかすがすがしく、まぶしいのだった。

4

あそぶ
おじさん

愛においても、料理においても、早いことはよくない。

——マレック・ダウド

日曜日、朝のコーヒーを飲みつつふと思った。パリのおじさんは、どこでどんな休日を過ごしているんだろう。日本でおじさんの休日を観察したいと思ったら、野球場、ゴルフ場、スナック、スーパー銭湯などが思い浮かぶ。では、パリなら?

あてもなく、ブーローニュの森へ行ってみた。インド系のおじさんたちがクリケットをしていた。試合に熱中していて、ゆっくりはなしを聞く感じではない。さらに進むと、青々とした芝生でサッカーをやっている一群。その脇に、だらーっと両足を投げ出して休憩しているおじさんがいた。

ボールを蹴るベルベル人

マレック・ダウド

* 休日前夜は友だちと飲む。「だいたい朝までな」
* 休日は朝寝坊して草サッカーで汗を流す
* 弟はシンガポール在住
* 45歳

マレックと名乗ったおじさんは陽気だった。わたしが日本から来たと知ると、

「おれは柔道三段！　カノウジゴロウの弟子！」

と叫んで、わははと笑う。

両親はアルジェリアのカビールからフランスに移住し、本人はパリ十区の生まれ。子どもの頃から料理を作るのが大好きだった。十六歳で料理の学校に入り、修業を積んでシェフに。郊外でフランス料理のレストランをやっているから、よかったら食べにおいでと誘ってくれた。

「おれの料理を食べたら、おれとケッコンしたくなっちゃうぞ」

というので、じゃあマレックさんはケッコンしていないのね、と確認すると、

「……日による」

だって。なんだそりゃ。

バルセロナのユニフォームを着ていて、当然バルサファンだという。でも好きなサッカー選手を尋ねると「ジダンとベンゼマ」。彼らもカビールの出身だから、という。ふーん。そのときはカビールってアルジェリアの地名なんだろうな、と思っただけだった。

数日後、パリ郊外にあるマレックさんのレストランを訪ねた。鉄道とバスを乗り継いで

向かう。ちょっぴり緊張。パリで「郊外《バンリュー》」といえば、移民が多く住む団地群というイメージだ。貧しく、失業者が多く、犯罪が多発する地域。「観光客が行くような場所じゃない。でもだからこそ行ってみたいでしょ。地元の人に誘われたんだから、ま、怖いことにはならないでしょう」と広岡さん。ふふ、「だからこそ行ってみたい」のがわれわれである。

レストランは幹線道路沿いの角にあった。マレックさんは店先の黒板に「本日のおすすめ」のメニューを書いているところだった。

「やあやあ、よく来たね」

と陽気な笑顔。

「今日は牛を食べてくれ。牛肉好きだろう?」

日曜日、ブーローニュの芝生で一緒にサッカーをしていたダヴィッドさんもいて、彼はレストランのホール担当。若い頃からふたりで組んでレストランを切り盛りしてきた。

「ふたりともカビール出身だしね、最高の相棒だよ」

また出たカビール。はなしを聞いていたら、ダヴィッドさんが週末にデモに行くんだと言い出した。カビールがアルジェリアからの独立を求めるデモらしい。

「独立?」

そこでようやく、わたしのなかに疑問がわいた。いったいカビールってなんだ? ダヴィッドさんはうれしそうに語り出した。

カビールはベルベル人の部族のことさ。おれたちカビールは、ほかのアルジェリア人とはまったく違う文化で暮らしてる。なにしろ地中海でいちばん古いことばを持っているんだからな。ほれ、これがベルベル人のアルファベットだよ。

ダヴィッドさんはスマホをいじって、ベルベル人のアルファベットを見せてくれた。ほんとだ、なんだか古い文字っぽい。

かつて北アフリカはベルベル人が支配していたのだという。七世紀にアラブ人に征服された。以後、ダヴィッドさんたちのご先祖さまはアラブ人と混血しないように山奥に住んだ。アルジェリアには七百万人くらいのベルベル人がいて、フランスにも三百万人以上が住んでいる……。

そうだったのか。カビールはベルベル人か。そういえば高校の頃、世界史の授業にベルベル人って出てきたなぁ。マレックさんもダヴィッドさんも、最初に会ったときからずっと「アルジェリア出身」とは言わず、「カビール」って強調していたのには、そういうわけがあったのか。千年以上も山奥に住んで血が混ざらないようにって、すごいはなしだ。

マレックさんの相棒

ダヴィッド・サダド

＊ 娘はロマちゃん。1歳4ヶ月

＊「ムルド・フェウランの小説『貧者の息子』に
カビールのことが出てくるから、読んでみて。
日本語にも翻訳
されているから」

＊ 54歳

スマホで見せてくれた
ベルベル人のアルファベット

「よう諸君！　準備ができたから、いつでも料理を注文してくれ」

エプロンをまとったマレックさんがテーブルにやってきた。あれこれ悩んだ挙句、「本日のおすすめ」のいちばん上に書かれていた仔牛の頭の煮込みをオーダーする。テキパキとリズミカルに料理を作るマレックさん、かっこいい。サッカー場でだらーっとしていたときとは別人のよう。

仔牛の頭はゼラチンがとろんとしていて、とてもおいしかった。選んでくれた赤ワインにもぴったり。

「どう？　口に合ったかい？」

と顔を出したマレックさんに人生でいちばん大切なことはなにかと尋ねた。

「決まってるじゃねーか、愛だよ」

そう言って、ベルベル人の末裔は豪快に笑った。

店内の壁に格言が書かれていた。マレックさんのオリジナルだという。

「愛においても、料理においても、早いことはよくない」

ふはは、これは下ネタ。

「人を愛せなければ、料理はできない」

うん。

「料理は芸術であり、わかちあう贈り物である」

ほんとにそうだ。

大量の血を流してフランスから独立したアルジェリア。アルジェリアから独立したいと思い続けているベルベル人。世界は想像以上に込み入っているようだ。ほどよく渋い赤ワインをすする。

仔牛の頭、たまごを使ったソース。
むらさき芋のフライとじゃが芋を添えて。

サッカーはみんなのもの。肌の色が違っても血の色は同じ。

――マチュー・パトリック

青と赤のしましまで彩《いろど》られた店は、遠くからでもすぐにわかった。店内も青と赤だらけで、正面には「ICI C'EST PARIS（ここがパリだ）」のスローガンがでかでかと書かれたマフラー。壁には選手たちのポスター、写真、サインが貼り巡らされている。ふふふ、愛が深い。暑苦しいほど深い。

「ボンジュール！」

と笑顔で出迎えてくれたのは、このバーのマスター、マチューさんだ。丸いお腹と丸いお顔、優しい目をしている。

店の名は「パルケ」、店のコンセプトには「１００％ＰＳＧ」を掲げる。ＰＳＧとは、

PSGファンが集うバーの店主

マチュー・パトリック

＊53歳

＊お気に入りのPSG応援歌の歌詞

「パリよ、おれたちの熱気が見えるか？
おれたちは勝利を求めて、パリよ、
お前のそばを歩いていくぜ」……パリ愛、炸裂。

パリを本拠地とするサッカーチーム、パリ・サンジェルマンのこと。マチューさんは筋金入りのPSGサポーターで、十七年前、思いが高じて「100％PSG」を謳《うた》うサポ御用達バーを開いてしまった。PSG愛の塊《かたまり》のような人なのだ。

わたしと広岡さんにコーヒーを出しながら、問わず語りに語りはじめる。

「おれは九歳のときからPSGを応援してんのさ。もう四十四年になるなぁ」


パリの生まれかと思いきや、そうではないという。軍警察の教官をしていた父親は転勤が多く、マチューさんはいろんな町を転々としながら育った。それぞれの町にもサッカーチームはあったが、「エッフェル塔のマークがかっこいいから」という理由でずっとPSGを贔屓《ひいき》にしていた。青地に赤のエッフェル塔はたしかにおしゃれ。それにPSGは強い。創設以来、一度も二部リーグに落ちたことがない。

フランス西部のルーアンで過ごした中学生の頃は、PSGの応援だけではなく、みずからも本気でプロサッカー選手を目指していたらしい。

「ポジションはリベロ。クレバーなパスを出す選手だったんだぜ」

と胸を張って、そのあと慌てて付け加えた。

「あ、言っとくけど、いまより二十キロ痩せてたんだからな」

マチューさんは十八歳でパリに出てきた。就いた仕事はカフェの店員。いくつかの店で経験を積んだ。もちろん大好きなPSGのホームスタジアム、パルク・デ・プランスにも通いつめた。

一九八〇年代から九〇年代にかけてのパルク・デ・プランスは、華麗なる祝祭の地だった。同時に、差別が横行する忌《い》まわしい場所でもあった。マチューさんは神妙な顔つきで、当時のことを話してくれた。

スタジアムの応援席には呼び名があるんだ。正面から向かって左が「ブーローニュ側」、右が「オートイユ側」ってね。昔からブーローニュ側に陣取っていたのが、白人の熱狂的なサポーター集団。対して黒人やアラブ系移民のファンはオートイユ側に集まるようになった。両者ともPSGを応援しているわけ。お互いを意識しながらの応援合戦は、そりゃあ熱くて美しかった。世界でもっとも盛り上がるスタジアムのひとつだって言われたもんだよ。

ところがブーローニュ側に人種差別主義者が現れた。「黒人は来るな！」と気勢をあげて、黒人選手に向かってナチスの鉤十字《かぎじゅうじ》の横断幕を掲げたやつまで出てきてな。愚かなことだ。ブーローニュ側対オートイユ側の抗争は激化し、ついには死者が出た……。

「十数人のバカのために、美しい場所が台無しになった」

マチューさんは暗い表情で言い、唇をぎゅっと閉じた。

その後、差別を行なうグループは解散させられ、両者は和解。ブーローニュ側にいたファンもオートイユ側にいたファンも混ざり合って観戦することになった。現在は、集団で座席を占拠できない仕組みになっている。おかげで女性や子どもも安心してスタジアムに行けるようになった。でも、あの美しい応援合戦はもう見ることができない。きっとマチューさんはこの問題についてさんざん考え、仲間と話し合ってきたんだろう。結論だけを端的に言った。

「サッカーはみんなのもの。肌の色が違っても血の色は同じ」

マチューさんは二〇〇〇年にこの店を開いた。以後ほとんどの試合をスタジアムではなくカウンターのなかから応援している。

「この店にもいろんな人種がやってくるけど、みんなPSGを愛している。悪いことをするやつがいたら、おれがつまみ出す」

きっぱりと、かっこいい。店をやるとは、場を作るとは、そういうことなのだろう。

PSGカラーに染まる マチューさんの店
Bar Le Perroquet

マチューさんはわたしたちにコーヒーのおかわりを淹《い》れてくれた。ついでに自分用のコーヒーも作ると、お腹をたぷたぷと揺らしながらカウンターから出てきて、テーブル席に腰をおろした。そして、もうひとつのはなしをしてくれた。

「おれがなんでサッカー選手になる夢を諦めて、パリではたらくことにしたのかと言うとなぁ……」

マチューさんが十歳のとき、弟が交通事故で亡くなった。家の前でボール遊びをしていて、転がったボールを追いかけて道路に出たところを車に轢《ひ》かれたのだという。その事故を目の前で見ていたお母さんは、ショックのあまり心臓を悪くし、一年後に心臓麻痺で亡くなった。マチューさんには弟がもうひとりいて、その弟を養うために十代から仕事をする必要があった。

「鞄《かばん》に洗面用具だけ入れてな、パリに出てきたんだよ。そのとき、母さんと弟を亡くした悲しみを忘れさせてくれるのがＰＳＧだったんだ」

淡々と語るマチューさん。そうだったのか。この人の優しい目は、悲しいことを見てきた目だったのか。

パリで結婚し、妻と一緒にこのバーをはじめた。娘がふたりいる。十四歳の双子で、名前はオセアンとアナイス。ふたりともサッカーをやっているそうだ。

「そんで、第二の家族がこれってわけさ」。

そう言って、PSGのマフラーを指差し、ニヤリと笑った。


あ、そうだ、ちょっと待ってて、と奥へ引っ込むと、応援歌が書かれたボードとチームカラーの大きな旗を持って出てきた。

「ほら、色がきれいだろ?」

とうれしそうに言って、「あげるよ」と続けた。あ、くれるんですか。う、うれしい。こんな大きな旗をもらってもと内心で困りつつ、断るほど野暮《やぼ》ではない。

「これはな、世界一美しい街の、世界一美しいサッカーチームの旗だかんな」

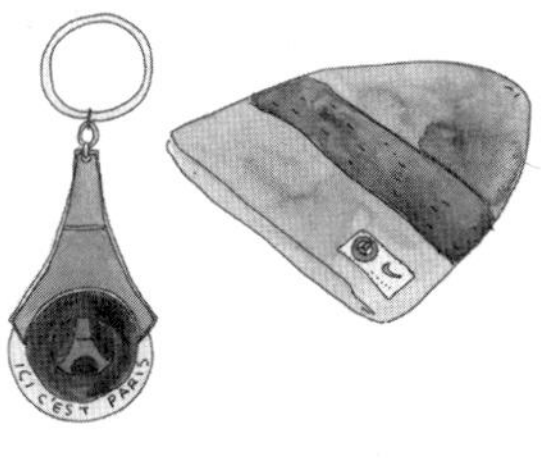

PSGグッズはパリ土産の定番。

ぼくはユダヤ人なんだ。だから馬券が当たる。

――リシャール・ダルモン

週末、カフェで遅い昼食をとった。メニューに選択肢はあまりなく、クロックムッシュだかクロックマダムだかを頼んだ。広岡さん「ワインは?」、わたし「いただきましょう!」。

となりの席のおじさんが競馬新聞を見ていた。いや、ただ見ているというレベルではない。ペンで印をつけて、欄外にいくつもの数字を書き込んで、熱烈に読み込んでいる。パンをかじりながら、チラチラと視線を送っていたら、おじさんが顔を上げた。

「ヤァ、日本人かい?」

老眼鏡をはずし渋い声で言う。声に似合わず頬がぷっくりして、なんだかかわいい。

カフェで出会った競馬の達人

リシャール・ダルモン

＊アクセサリー作家

＊62歳

＊「競馬は騎手で決まるんだ」

「競馬、お好きなんですか」と問うと、そうだね、週に二、三回やっているね。使うお金は週に百ユーロくらい。だいたいいつも五頭当て（一着から五着までを当てる買い方）さ。馬券はジョッキーで選ぶことが多いね。などと機嫌よく話してくれた。

馬をモチーフにしたアクセサリーを作る仕事だという。ははぁ、馬が好きなんですねぇ、とうなずくと「いやいや、競馬に目覚めるずっと前から馬のアクセサリーを作っていたんだ」と訂正された。

競馬をはじめたのは二十年前。きっかけは忘れもしない、とリシャールさんは語り出す。

「ある日、ふと目にした車のナンバープレートが「42 AD 75」だった。それでピンときた。あれはじつにふしぎな瞬間だった」

目を見開きながら、名調子で回想する。4、2、7、5、13という数字を並べて五頭当ての馬券を買ったら見事に的中。配当金は七六四〇ユーロ。それで、ハマった。

「ほー、すごいですね」

と感心してみせると、それだけじゃないよ、そのあと八六〇〇ユーロ勝ったこともあるぜ、と胸を張る。ふふふ。競馬ファンっていうのは、当たったときのはなしだけを繰り返しする生き物だからなぁ。

「お、そろそろ出走時刻が迫ってきた。馬券を買わないと」

そう言ってリシャールさんは立ち上がった。競馬新聞とマークシート式のカードを握りしめている。そういえば、カフェの数件先にＰＭＵ（場外馬券販売協会）の看板がかかっていた。看板があるのはたいていてい競馬中継を流している食堂で、店内に据え付けられた販売機にマークシートを読み込ませて馬券が買える仕組みになっている。

「グッドラック」と挨拶すると、去り際、笑みを浮かべて唐突に言った。

「ぼくはユダヤ人なんだ」

「？」

「だから馬券が当たるんだよ。ユダヤ人は選ばれし民族だから」

馬券と選民思想。そんなはなしは初めて聞いた。ジョークなのか本気なのかわからず、曖昧にうなずいているうちにリシャールさんは行ってしまった。


カフェに残ったわたしと広岡さんは、食後のコーヒーを注文する。思いがけない競馬おじさんとの邂逅《かいこう》を反芻《はんすう》していると、広岡さんは、いつも肩からかけている黒い鞄《かばん》をゴソゴソと探り出した。引っ張り出してきたのは、購入済みの馬券。

「じつはおれも今朝、買ったんだ。へへへ」

なんと、広岡さんも競馬おじさんなのだった。

ギャンブルしない人間は信用できない。

——広岡裕児

広岡さんが競馬をはじめたのは二十代。日本でも、パリでも、競馬場に通った。いまではマークシートを持ち歩いていて、ときどき運試しに馬券を買うのだとか。

「競馬には勝負の流れがあって、それを読むのが楽しいんだよ」

広岡さんはギャンブルの効能とやらを語り出した。

「ギャンブルをやっていると、人生の勝負どころが読めるようになるんだ。賭け事をしない人間は、思い切って勝負すべきところでグズグズしたり、とんちんかんなところで無駄にアクセルをふかしたりする。だから、ギャンブルしない人間は信用できない」

はーん、そういうもんですか……。

パリ在住40年の日本人ジャーナリスト

広岡 裕児

* 好きな食べものは、麺類
* 好きな動物は、ネズミ
* 63歳

人間を好きにならなければいかん。

——ムフーブ・モクヌレ

「せっかくだから、競馬場へ行ってみよう」

競馬おじさんであることをカミングアウトした広岡さんの目がキラリと光った。パリの競馬場って『マイ・フェア・レディ』みたいな気取った帽子をかぶって行くんじゃなかったっけ、いや、あれはイギリスのはなしか。などと思い巡らせていると、広岡さんはあっさり言った。

「普段着でいい」

ヴァンセンヌ競馬場に着いたのは、夕日の照り返しの、最後のひとすじが消えゆく頃だった。火曜日の夜八時。やがて空が紺一色になると、風が出てきた。寒々しいのは、六万人収容の大きな競馬場が閑散としているせいでもある。平日の夜にパリ中心部からずいぶん離れたこの場所に遊びにくる人は少ない。

わが競馬おじさん、ムッシュ広岡はそんなことにはお構いなく、本日の出走馬の一覧表をもらってきたり、オッズの掲示を見上げたり、忙しそうだ。

「馬券を買わないことには、取材もできないだろ」

顔をほころばせながら、いそいそとマークシートを確保している。

ヴァンセンヌで行われるのは、ヨーロッパ大陸で人気があるトロットという競馬。馬に二輪の馬車をつなげてそこに騎手が乗り込むスタイルだ。そして速歩《はやあし》、つまり歩くスピードを競うのである。審判の車が並走し、少しでも走ったら失格になるというから、まさに馬の競歩だ。

「走るな！って応援するんだよ」

と広岡さんが解説してくれる。うれしそう。

レースに起用されるのはスタンダードブレッドという品種。サラブレッドに比べて足が短く、走りではかなわないが、速く歩くのはむしろ得意らしい。馬だってそれぞれの長所を活かして活躍の場を得るのだ。

広岡さんの指南を受けつつ、馬券を買ってみた。せいぜい十から十五ユーロというところ。ほとんど誰もいないスタンドの、ゴール前に陣取って観戦した。

「三番いけ！　でも走るな！　落ち着いて歩け！」

最後の直線はデッドヒートになるが、あくまで歩きに徹する。もどかしいような、優雅なような、ふしぎなレース。それでも勝った負けたと大騒ぎして三レースくらい遊んだ。

ふと、大きな体をグレーの背広に包み、のっしのっしと歩いてくるおじさんが視界に入った。ネクタイをきちんとしめて、黒いハンチング帽をかぶり、なによりその表情に厚みがあった。おだやかな目で、鼻が大きく、あごがたぷたぷとたるんでいる。風格のあるセントバーナードのよう。一目見て「このおじさん！」というひらめきがあった。馬券にはひらめかないけど、おじさんにはひらめくのである。

「おぉ、わしは毎日ここに通っとるぞ」

ムフーブさんは鷹揚《おうよう》にほほえんだ。

「昔は馬主だったよ」

一九八五年から八九年まで、馬を三頭持っていたという。購入金額は三頭で二千フラン(約四十万円)。当時、トロット用のスタンダードブレッドは安かった。

毎日、競馬場に通う人

ムフーブ・モクヌレ

* 1925年生まれ、
92歳！

* 健康の秘訣は
「夜に肉は
食べない」

「わしはアルジェリア人だから、ほかの馬主から仲間はずれにされてなぁ」

レースのたびにムフーブさんの馬は陰湿な嫌がらせを受けたらしい。強い馬だったからけっこう儲かったが、抗議や喧嘩をするのに疲れて馬主はやめたのだ、とムフーブさんは淡々と語った。その後はただレースを見るのが楽しみで競馬場に通っている。馬券も買って、ときどき当てる。注ぎ込むのは二百ユーロくらい。

「とにかく馬が好きなんだ」

おっとりと言う。アルジェリアの子ども時代、近所の農耕馬と仲良くしていた。だから「生まれてこのかた、馬肉を食べたことは一度もない」と笑った。

お年を聞いて驚いた。

「九十二歳」

もじゃもじゃの眉毛を夜風にさらして、けろりと言う。

「一九二五年一月十日生まれ」

今回、パリで出会ったおじさんの最高齢記録だ。その年齢で、毎日きちんと背広を着て、のっしのっしと競馬場に通ってくるとはすごい。

「酒もタバコもやらん。茹でた芋に塩をかけて食べるのがいちばん好きだな」

そう言ってほほえむと、口の横に刻まれる深いシワ。渋くていいシワだなぁ。

フランス統治時代のアルジェリアで生まれ、一九四六年にフランス本土で警察官になった。大柄でセントバーナード顔のムフーブさんは、きっと迫力のある警官だっただろう。

「わしは警官をしていたとき、一度も人を殴らなかった」

と言うのは、どうやらほんとうのことらしかった。「当時は、ちょっと暴れているやつがいても、手帳を見せて話せばみんな言うことを聞いてくれたもんだ」とムフーブさんは回想する。「いまではとても考えられない。いま、パリで警官として生きるのはほんとうに大変なことだ」としみじみ言った。三人の息子は誰も警察官にならなかった。

人生で大切なことはなんですかと質問したら、もじゃもじゃ眉毛がピクリと動いた。

「差別もテロもずーっと昔からある。これからもなくならんだろう。でもわしやあんたのような勇敢な人間もいる」

そう言ってシワシワの大きな手でわたしの肩をポンと叩いた。

「人間を好きにならなければいかん」


この数日後、またパリで警官がテロリストに襲われた。ニュースを聞きながら思う。ムフーブさんが生きてきた九十二年で世のなかはどう変わったのだろう。よくなっているのだろうか。それとも。

1

ちょっと寄り道 4

大統領選挙、候補者集会めぐり

二〇一七年春、フランスは大統領選挙の真っ只中《ただなか》だった。街角には候補者たちのポスターが貼られていた。そして、そのほとんどに落書きがされていた。日本と同様、選挙ポスターへの落書きは違法行為のはずだけど、さすが風刺画文化のお国柄だ、ぐふふ。

フランスでは、街中を選挙カーが走りまわるようなことはない。その代わり、候補者が各地をまわって集会を開く。

「候補者ごとに、集会に来る人たちの雰囲気がまったく違うんだよ」と広岡さん。なんだかそそられる。候補者の演説を聞いてもちんぷんかんぷんだけど、集まってくるおじさんの雰囲気の差なら味わえるかもしれない。というわけで、有力候補者の集会に出かけてみた。

フィヨン　敬虔《けいけん》なカトリック教徒の共和党候補

フィヨンの集会は、大きな見本市会場みたいな場所で開かれた。集まってくるのは、仕立てのいい服を着た、上品な紳士淑女。お仕事を尋ねると、弁護士、公証人、会社経営者なんて答えがゴロゴロ出てくる。九九％が白人だったなぁ。大型ビジョンで流れる映像には字幕も手話通訳も付いていない。

アモン　脱原発を訴える社会党候補

会場はリパブリック広場。集会がはじまるまでのあいだ、ステージではバンドが演奏していて、野外フェスのような雰囲気だ。ヒッピー風のおじいさん、髭もじゃの青年、おしゃれなカップル、レインボーフラッグを掲げる同性愛者、黒人ミュージシャン風など支持者の幅が広い。大型ビジョンの映像に字幕と手話通訳あり。最後にフランス国歌「ラ・マルセイエーズ」の大合唱。

マクロン　大統領の座を射止めた若きエリート

右派でも左派でもない政治を目指す「前進」という草の根運動から頭角を現したマクロン。その集会は、巨大なパーティー会場のようだった。ノリのいい音楽が流れて、若い支持者たちが踊っている。会場の大型ビジョンにカップルが次々と映し出されて、映ったふたりは照れながらもキスをする。「ヒューヒュー」と囃《はや》し立てる会場。レズビアンのカップルも映し出されて、ちゃんとチューーして、ちゃんとヒューーヒューーされている。字幕と手話通訳あり。

マクロン本人の演説もノリノリだった。客席からは絶えず拍手、指笛、足のバタバタ音、歓声、きわめつけは自然発生する歌。あれは自然発生じゃなくて、サクラが仕込んであったのかなぁ。演説の途中でどこからともなくアカペラの「ラ・マルセイエーズ」がはじまって、その輪は徐々に広がり、最後は壇上のマクロンも含めて、会場全体で大合唱。その熱く明るい愛国の風景に、「あぁ、もしかしてフランス革命のときのテニスコートの誓いって、こんな感じだったのかしら」などと妄想がふくらむのだった。

マクロン支持者

ベルナール・バナグ

* カメルーン出身　* 46歳
* もともと社会党支持
* 「マクロンが『植民地主義は人道に対する罪だ』と言ったことにすごく共感した」

ルペン支持者

モルガン・プリースト

* 37歳
* 親の代からFN支持
* 「この国は、イスラム教徒に侵略されている」
* 「ルペンは、おれたちのジャンヌ・ダルクだぜ」

ルペン　反EUを掲げる国民戦線（FN）党首

集会が開かれるホールの最寄駅には催涙ガスが立ち込めていた。わはは、いきなりきな臭い。どうやら反ルペンを標榜する極左グループが暴れたらしい。

反対勢力も熱いが、集まってくる支持者たちも熱い。なにしろ何十年も「トンデモ極右の泡沫《ほうまつ》政党」と思われてきたFNが、ついに政権を争うところまで上り詰めたのである。これが興奮しないでいられようか、という様子。男性が多い。

会場内は真っ暗で、ステージにだけ照明が当たっている。そこに浮かび上がる青いバラのシンボルマーク。なんだかゴシックロックのライブ会場のよう。

ルペンが登場すると「女神降臨！」とばかり会場のヴォルテージは最高潮に達した。ルペンの声は女性にしては野太い。ワンフレーズごとに「そうだ！」とか「マリーヌ！」とか掛け声があがる。「マクロン」とか「ムスリム」なんて単語が出るたび、会場全体が「ブーーーーー！」と大ブーイング。気持ちはわからなくもないけど、ブーイングで一体感っていうのも、なぁ。

字幕と手話通訳はなし。障害者への配慮は、左派だけのものなのだろうか。

5

はたらく
おじさん

どこにだって、いいやつもいるしバカもいる。

——シビー・ムハンマドゥ

どこの国に行っても、たとえことばが通じなくても、気持ちよくはたらいている人というのは、すぐにわかるものだ。バスの運転手さんでも、パン屋のレジ係でも、気持ちよくはたらいている人には、独特の光がさしている。

そういう人に出会うと、あぁ、自分もこういうふうに仕事をしたいものだと強く思う。ふてくされたりイライラしたりして、ぞんざいな仕事をしても誰も得しない。うん。

広岡さんとなにを話しているときだったか、そのおじさんのことが話題に出た。

「ときどき仕事の打ち合わせに行くビルに、いい感じではたらいている人がいるんだよ」

西アフリカ・マリからの出稼ぎ

シビー・ムハンマドウ

＊ 56歳

＊ 国にいる息子は13歳と10歳，娘は6歳

それで、会いにいってみることにした。

「こんなに長くなるとは思わなかったですねぇ」

シビーさんはそう言って大きな顔の小さな目を細めた。シャンゼリゼ通りから少し入ったところにあるおしゃれなビル。なかに数十のオフィスが入っていて、一日じゅうビジネスマンが行き交う。その一階でコンシェルジュ（受付・事務・サービス係）をしているのがシビーさんだ。ビシッとダブルのスーツを着込んでいる。

コンシェルジュ歴は十七年。でも、「長い」のはそのことではない。祖国マリを出てからすでに三十六年、長い長い出稼ぎ生活を送っている。二十年ほど前に結婚したが、妻と三人の子どもはマリ在住。つまりずっと別居婚である。

「さびしいかって？　うん、まぁ。でも仕方ないです」

シビーさんは一九六〇年生まれ。フランスの植民地だったマリが独立を果たした年だ。カイという町の出身だという。

「ここですよ」

と机の上の大きなパソコンでグーグルアースを立ち上げて見せてくれた。セネガル国境に近い地方都市。東西に大きな川が流れていて、小さな飛行場もある。こんなアフリカ大陸の小さな一点に人びとの喜怒哀楽があるんだなぁ、としみじみ。たぶんカイの町で世界地図を広げて東京を指し示したら、みんな「こんな地の果てに人が住んでいるのか」と驚くだろう。

シビーさんのまわりには、旧宗主国のフランスへ出稼ぎに行く人がけっこういたらしい。それで自身も二十歳でパリに来た。

「二年くらいはたらいて帰るつもりだったんです」

最初は配達の仕事をしていた。なぜ当初の予定通り二年で帰国しなかったのかは語らなかった。人と会うのが好きだし、与えられた仕事を丁寧にこなしたという。そういう姿勢が認められて、コンシェルジュの職を得た。

仕事は午前と午後の二交代制。オフの時間は、マリ出身の友だちの家を訪ねて、一緒にごはんを食べたり、テレビでサッカーを見たり。好きな食べ物は、クスクス、チェブ（炊き込みごはん）、マフェ（ピーナッツ・シチュー）。年に一度、休暇をとって国に帰る。パリに三十六年住んでいても、シビーさんはいつもマリのほうを見ているみたいだ。

マリの人に会うのは初めてだった。マリ人らしさってどんなところにあるんだろう。た

とえばおとなりのセネガル人と比べて、どういう違いがあるんだろう。そんなことが知りたくて、

「マリ人ってどんな気質ですか？」

と尋ねた。するとシビーさんは、

「マリ人は開放的で陽気だって言われるかなぁ」

と模範解答を述べた上で、こう付け加えた。

「でも、出身地や共同体で人を一般化しちゃダメです。この国の人はこういうタイプ、なんていうのは全部ウソなんだから」

うむ、そりゃそうか。わたしは自分の浅はかな質問を恥じる。シビーさんはときどき「パリの人は親切か？」と聞かれるらしい。

「その質問もナンセンスなんですよね。どこにだっていいやつもいるし、バカもいるでしょう」

そう言って、ニヤリと笑う。あぁ、シビーさんのものの見方は頼もしいなぁ。きっと人と接する仕事を長くしてきた人の実感なのだろう。こういうのが、いろんな国

の出身者が住むパリの底力なのかも。

マリ人は陽気。出稼ぎは大変。家族と会えない暮らしはさびしい。そんなステレオタイプの受け止め方で、シビーさんの人生を見ることはきっと間違っている。大変さの向こうに妙味もあるだろう。さびしさと自由は表裏一体だ。


いろいろ話してくれた最後に、シビーさんはさっぱりした表情で言った。

「この年までパリにいたから、もう一生この街で暮らそうと思っています」

あ、そうなのか、とちょっと驚く。もちろん経済格差がなければ出稼ぎをする必要はなかった。祖国のことをいつも気にしている。でもシビーさんはかわいそうな人生を送っているのではない。この街を気に入って、ちゃんと根を張って、暮らしているのだった。

選択肢はひとつ。前を向いて生きていくしかない。

——ギイ・ボコブザ

たまたま通りかかったリューモンマルトルの、木賃宿《きちんやど》が並ぶ煤《すす》けた路地。平日の午前中、人通りはほとんどない。「シェ・ギイ《ギイの店》」というシンプルな店名をシンプルに掲げた小さな店を見つけた。覗いてみると、アラブの揚《あ》げ菓子をあつかっているようだ。

店主は「ギイじいさん」とでも呼びたくなるような、もじゃもじゃの眉毛といい感じのシワを持つ老人だった。老眼鏡の度がきついのだろうか、メガネの奥の目がまんまるく大きく見えて、なんだかかわいい。

チュニジアからパリにやってきて、もう五十年になるという。はなしを聞かせてほしいと頼むと、

「わしのはなしなんかで役に立つかな」
とほほえんで、椅子をすすめてくれた。

アラブの揚げ菓子だと思ったものは、正確には「アラブに住むユダヤ人のお菓子」だという。ん？　混乱するわたしにギイじいさんは、自分はユダヤ教徒なのだと説明し、売っているものについて丁寧に教えてくれた。

「ユダヤ教にはカシェルっていう食事の規則があってな、それにのっとった食材と調理法でチュニジアの菓子や惣菜をつくっているんだ」

カシェルとは、旧約聖書に食べてよいと記されているもの。たとえば「蹄《ひづめ》が割れていて、反芻《はんすう》する獣」とか「ひれと鱗《うろこ》がある魚」などを指す。つまり牛、ヤギ、羊、鹿は食べてよし。豚、ウサギ、ラクダはダメ。鱗のないウナギや、エビ、カニ、タコ、アサリなんかもダメに分類される。食べてよしの牛や羊も屠畜《とちく》のやり方が厳密に定められている。

それから肉と乳製品を一緒に食べるのもいけない。敬虔《けいけん》なユダヤ教徒はハムとチーズのサンドイッチやチーズバーガーを食べないし、ステーキのあとにアイスクリームを食べるのもご法度《はっと》だという。

「うちのお菓子でもね、バターが入っているものにはそう明示しておくんだ。肉料理を食べたあとのデザートに、うっかりバターが入ったお菓子を食べたらいけないからね」

アラブのお菓子屋さんだと思って入ったお店で、ユダヤ教の食の戒律について聞くとは思いがけないことだった。きらいだからでもダイエット中だからでもなく、宗教上の理由でチーズバーガーが食べられない人がいるなんて、初めて知った！


ギイじいさんはチュニジアの首都チュニスで生まれ育った。お母さんはフランス出身のユダヤ人、お父さんはチュニジア在住のユダヤ人。ユダヤ人とは「ユダヤ教を信仰する人」という意味で、国籍による区分とは関係ない。

十九世紀後半からフランス領だったチュニジアは、一九五六年に独立を果たす。

「それで、こっちに、な」

とギイじいさんは短く言った。フランスから独立してアラブの国になったら、ユダヤ人は住みにくくなるんじゃないか。そんな危惧から、フランスに新天地を求めたらしい。はっきり言わなかったけど、もしかしたら危惧というよりもう少し具体的な、ユダヤ人への差別や排斥があったのかもしれない。チュニジアにはかつて九万人のユダヤ人がいたが、いまは二千人しかいないという。

「パリに来たとき、わしは十七歳でな」

アラブのお菓子を売るユダヤ人

ギイ・ボコブザ

＊72歳

＊17歳でパリにやってきた

最初は医学の勉強をしていたが、家族を助けるために商売をはじめた。

「選択肢はそれしかなかった。後ろを向いても仕方がない。前を向いて生きていくしかない、と思ったんだ」

朝六時から夜の八時まで、休みなくはたらいた。それも五年や十年ではない。五十年だ。

「わしらのコミュニティは、みんなはたらき者だよ。そもそもはたらく以外の選択肢がなかったんだから」

ギイじいさんは何度も「選択肢はそれしかなかった」と繰り返した。「はたらくか、生活保護を受けるか、路頭に迷うか、その三択だ」という言い方もした。とにかくはたらき続けることで一家を引っ張ってきたのだ。「いま息子は薬局に、ふたりの娘は旅行会社と人材派遣会社に勤めているよ」と満足げに笑った。

「ほら、ちょっと食べてみて」

とお菓子を何種類かお皿に乗せて出してくれた。どれもアラブの伝統的なお菓子だという。ううう、甘い。でも、ギイじいさんの手作りだ。残すわけにはいかない。早々に戦線離脱する広岡さんを横目に、がんばって食べる。いちばん気に入ったのはゼラビアといううずまき状のお菓子。蜜でベトベトなのだけど、かじるとサクッとしている。

「粉を混ぜて、酵母を入れて、発酵させて、揚げる。それからハチミツに漬け込むんだ」

とうれしそうにつくり方を教えてくれた。同じようなお菓子がトルコにもあるとか。

そこへお客さんがやってきた。りしたおじさんだ。やはりユダヤ人で、モロッコからの移民だという。この人もはたらき者のコミュニティの一員なのだろう。数種類のお菓子を買うと、しばらくギイじいさんと雑談をして帰っていった。

ごちそうさまでしたと空になったお皿を返す。

「いいお仕事ですね」

と言うと、ギイじいさんは穏やかな顔つきでうなずいた。

「うん、そうだな。わしは、おいしいものをつくることと人と接することが好きだな」

はたらく以外の選択肢はなく、仕事ひとすじの人生。でも結果的に、これがギイじいさんの天職だったのだ。ノートをしまって帰り支度をすると、わたしが好きだと言った蜜でベタベタのうずまき菓子ゼラビアを包もうとしている。「よかったら、持っていきなさい」とすすめるのを丁重に断って、辞す。

「早く早く！」と言い続けて生きたくない。

——ヌノ・ミグエル・アルフォンソ・バチスタ

ムフタール通りで、感じのいいポルトガル料理屋を見つけた。カウンターとテーブル三つほどのこじんまりした店。愛想はないがはたらき者のおばちゃんが切り盛りしている。客の大半はポルトガル人で、みな常連客なのだろう、棚から勝手に酒瓶を出してグラスに継ぎ足している。故郷の味を楽しみに通うおやじの定食屋といったところか。ほとんどの客が、鶏肉のグリルを注文する。カリカリに焼けた鶏肉からニンニクが香る。たっぷりのサラダが添えられて、あぁ、ワインを飲まずにはいられない。

バチスタさんは、となりのテーブルでひとり鶏肉をぱくついていた。ラフなTシャツ、

ポルトガルの色男

ヌノ・ミグエル・アルフォンソ・バチスタ

＊趣味は木工

＊好きなテレビ番組は、自然ドキュメンタリー

＊37歳

無造作に刈り込んだ短い髪、かわいい目元、ワイルドなヒゲ。なんということもないのだけど、どことなくセクシーさが宿っている。右腕の内側に、シンプルな文字だけのタトゥーが見えた。腕はシュッと筋肉質。女の人にモテそうだなぁ。

食べ終えてコーヒーを飲みながら、はなしを聞いた。ポルトガル出身。故郷はスペイン国境に近い、山の町。十九歳でパリにやってきた。

「どうしてパリに？」

「理由は女性だね」

「？」

「当時の恋人がパリ生まれのポルトガル人でね、彼女と住むためにパリに来た」

仕事は塗装工。筋肉質な腕は、毎日重い壁材やペンキ缶を運んでいる腕なのだった。

「その彼女の両親が、ポルトガルから来たぼくを塗装の仕事に就かせてくれてね。彼女とは別れちゃったけど、ぼくはいまも塗装工をやっている」

一九五〇年代から七〇年代にかけて、フランスにポルトガル移民が大量に流入した。その労働力がフランスの経済成長を支えた。バチスタさんの元カノの両親もきっと、その時期にパリにやってきて、塗装業でひと旗あげたのだろう。

「ポルトガルに行ったことある？　あそこはみんなゆったりしてるんだ。でもパリの人は口を開けば「早く早く！」だろう？　ここで仕事をするのは疲れるよ」

バチスタさんはうんざりした口調で言った。パリで暮らした歳月は二十年近い。でもことばや技術が身につくことと、街のスピードに慣れることは、きっと別の問題なのだろう。「早く早く！」と言い続けて生きたくない。いつかポルトガルに帰りたい。でもすぐには無理だから、ときどきポルトガル料理を食べて、心のバランスをとるのだと言った。

「目下、パリに住み続ける理由はなに？」

「理由は女性だよ」

「え、また女性？」

バチスタさんは笑いながら、うなずく。元カノと別れたあと、また別の、パリに住むポルトガル人女性と恋をした。息子と娘が生まれて、いまは四人で住んでいる。

「ほら、これが息子と娘の誕生日」

腕に彫られたタトゥーは、ふたりの子どもの生年月日だった。

「彼女の生年月日は彫らないんですか」

「ふふ、彼女の生年月日なんて彫らないよ。子どもは取り替えられないけど、彼女は替えられるんだからさ」

ふん、色男め。

静かな心でいれば、強くなれる。

――朱人来

「人生のターニングポイントはいつでしたか？」と尋ねた。

「ええと、最近……」

と朱さんが話し出したので、ほう、最近なにか変化があったか、と耳をそばだてる。

「ギリシア哲学の本を読んでいましてね、東洋の哲学と共通点があることに気づいたんです」

そう言ってニコニコしている。え、それがターニングポイント？　質問と答えがずれている気がするが、あとから思い返すと、これはとても朱さんらしい答えだったなぁと思う。

中国出身の出版人

朱人来《ジュウ レン ライ》

＊ 好きな哲学者は エピクロス

＊ 趣味は ジョギングと 絵を描くこと

＊ 50歳

朱さんはビルの一室でごく小さな出版社をやっている。部屋にはマッキントッシュのモニタが置かれた作業机があり、いたるところに本や雑誌が積まれていた。手がけているのは、アジア各国に三十年近く駐在していたビジネスマンのエッセイ、百年ほど前にフランスにやってきた中国人の評伝など。中国とフランスをつなぐ本が多いようだ。

みずから小さなキッチンに立ち、コーヒーを淹《い》れてくれながら、

「おととい、最近出した本の著者のサイン会をしましてね。今朝も読者から反響のメールが来ていた。うれしかった」

なんて話しぶりが、日本で零細出版社をいとなむ知人を思い出させる。いいなぁ、小さな出版社の風景。静かで、知的で、こだわりが漂っている。

中国・浙江省《せっこうしょう》の青田《せいでん》で生まれ、十七歳まで住んでいた。その後、建築の勉強がしたくてパリにやってきた。まったく関係ないが、青田といえば日本球界のスター王貞治のお父さんの出身地でもある。王パパは中国が中華民国だった時代（日本では大正時代）に青田から日本に渡り、東京で中華料理屋を開いた。青田は、東シナ海から百キロほどの町。華僑を多く排出している温州《おんしゅう》にも近く、外に飛び出していく人が育つ土地なのだろう。

パリに来た朱さんは、まずフランス語を勉強した。ときは一九八〇年代初頭。いたずら

っぽく言う。

「その頃、パリ大学にボートピープル向けの無料フランス語講座が開設されていましてね、ぼくは中国人の顔をしているから、そこに紛れ込みました」

この場合のボートピープルとは、ベトナム戦争終結後、ボートに乗って国外脱出を図った難民を指す。フランスにも大量の難民が亡命した。中国系ベトナム人も多かった。彼らのためにパリ大学が用意したクラスを、朱さんはもぐりで受講したというわけだ。

難民向けのクラスのほかに語学学校にも通い、フランス語漬けの日々を送った。広岡さんが感嘆する朱さんの美しいフランス語は、「フランス語で考える練習をした。母国語を忘れるくらい」というやり方で磨かれたらしい。

その後、建築の学校で四年間学ぶ。だが卒業した頃、ちょうど石油ショック後の不況で建築業界に入ることは叶わなかった。銀行勤めを経て、出版社をはじめたのは二十七歳のとき。以来、この静かで知的でこだわりのある稼業を続けている。小さい会社とはいえ、オフィスはパリの一等地に近い。書籍以外にもファッション雑誌の中国語版や、州議会や博物館の仕事も請け負って、経営を軌道に乗せているらしかった。

自身と同じように中国からパリにやってきた女性と結婚し、娘と息子がひとりずついる。夫婦で帰化し、フランス国籍を持つ。趣味は絵を描くことと、走ること。

「一週間ジョギングしない日が続くと、なんだか落ち着かないですね」

朱さんは終始穏やかに話す。中華街で見かける中国系パリジャンのような、大きな声やオーバーアクションといった過剰な熱量はまったくない。といってクールというわけでもない。ぬくもりのあるインテリ。話していると、なんだか安らぐ。

さてそれで、哲学のはなし。

仕事とはまったく関係なくギリシャ哲学の本を読むのが好きだという朱さん。いろんな発見があるんです、とニッコリ笑う。なかでも、

「静かな心でいれば、強くなれる」

という考え方が大好きなのだと語った。そうしてこの考え方は、子どもの頃に触れていた東洋哲学に共通すると気がついて興奮したのだ、と。興奮といったって、朱さんのことだから心のなかで音も立てずに興奮しただけだろうけど。

「内面の平和がいちばん力を持つんじゃないでしょうか。理想の国とはなんだろうと考えると」

朱さんは淡々とことばをつなぐ。

「軍事力とか、経済力とか、そういうことは重要ではなく、そこに住む人が内面的に満たされていることがいちばん強い。そういう世界が理想だと思います」

はっきり言って、いまのフランスも中国も朱さんのいう理想の国からはかけ離れている。もちろん日本も。でもパリの一角には、こんなことを考えながら本を編んでいる人がいるのだった。

最近、出版した本。『アジアの印象』。

混同されやすい「移民」と「難民」ですが、一言でいえば、移民は仕事を求めて、難民は安全を求めて、外国に移り住むという違いがあります。移民の滞在許可は受け入れ国の雇用状態によって、難民は戦争や独裁政権など出身国の危険度によって決まります。

とはいえ、難民も仕事を求めてきていることに変わりはなく、受け入れ国の経済事情も関係してきます。たとえば、ドイツがシリア難民に門戸を開放した背景には、労働力不足がありました。人件費を増やさずに済ますには外国人労働者がいいのですが、長居してもらっては困る。難民なら戦争が終われば祖国に帰るから移民よりも都合がいい、という発想がありました。

二十世紀のフランスへの移民には大きな波が二つあります。まず、第一次大戦後に、復興の人手として。その中心はイタリア人、ポーランド人でした。ついで、第二次大戦後、独裁政権下で経済も遅れていたポルトガルやスペイン、そしてマグレブ（アルジェリア・モロッコ・チュニジア）の出身者です。

移民・難民・そして子どもたち

フランスでは、「移民」とは、外国で生まれ、外国籍で、フランスで滞在許可を得ている人のことをいいます。統計によると、二〇一三年現在、移民の総人口に占める割合は、八・九％です。そのうち、ヨーロッパ出身が三六％、マグレブが三〇％で、その他のアフリカ旧植民地出身者と、中国を中心とするアジア諸国からの移民がそれぞれ一四％です。

フランスでは、人は、民族宗教など集団の一部である前に独立した個人なのだという認識のもとに、フランス語でコミュニケーションができ、人権や他者の尊重・連帯など「共和原理」を守る限り、国民全体の一大共同体の一員だとされます。

日本でよく知られている英米式の、民族ごとにコミュニティをつくり、それぞれが権利を主張してお互いの差別をなくすというやり方とは違うので、均一化だと誤解されがちですが、けっしてそうではありません。各人が身につけている民族の固有の文化はまさに個性として尊重され、フランスをさらに豊かにします。芸術でもファッションでもスポーツでも学問でも、フランスを代表する人が移民あるいはその二世・三世というケースがとても多いのです。

もっとも、すべてが理想どおりになっているわけではありません。フランス国籍でもアラブ系の名前だと就職の面接を受けられないとか、有名公立学校の先生がポルトガル移民のマンション管理人の子どもに「あなたたちの来るところではない」などといって退学に追い込んだ、というような差別もあります。

Immigrés, réfugiés et enfants

そして貧困。彼らの父・祖父はもともと祖国よりは高いとはいえ、低賃金ではたらいていました。統計によれば、移民家族の世帯収入は、中央値（分布の真ん中の値）よりも三五%低いそうです。貧しいと社会に向けて欲求不満をぶつける人が出てきます。

じつは、格差と貧困が問題になるのは、移民・難民の受け入れ側でも同じです。異文化間の摩擦といわれるものを冷静に見てみると、住民の日頃の不満の捌《は》け口になっているということがよくあります。

ところで、日本人にとっても「移民」は、きわめて身近なものなのです。ハワイ、アメリカ、ブラジル……。明治以来日本は長いあいだ「移民輸出国」でした。高度成長の頃の集団就職はいってみれば「国内移民」です。移民問題はけっして、対岸の火事ではありません。

（広岡）

ちょっと寄り道5

同時多発テロの現場へ

そのカフェはY字路の突端にあった。少し離れたところからカメラを向けると、赤いひさしが青い空に映えてかっこいい。いかにも「パリの街角を切り取った」という感じの一枚の写真におさまった。

「入ってみるかい」

と広岡さんに背中を押されて、それでも足がなかなか前に進まない。ここまで来たのだ、なにはともあれ、なかに入ってみなければ。自分を励まして、恐る恐るドアを開けた。

奥の席にいた女性客と目が合う。「ボンジュール！」とほがらかに挨拶してくれた。店内には明るい光があふれていて、常連さんが新聞を読みながらコーヒーを飲んでいる。ありふれた日常の風景にホッとした。

カウンターのなかに禿《は》げたギャルソンがいて、慣れた手つきでビールを注いでいた。このおじさんにはなしを聞こうか。聞かせてくれるだろうか。広岡さんと目配せしていたら、小柄な女主人が近づいてきて言った。

「なにになさいますか？」

「ええと、わたしたちは日本人で、パリの取材をしているのだけど、あのテロのことを……」

と広岡さんが言いかけた瞬間、女主人はぴしゃりと言った。

「それはもう昔のことです」

ザッツ・オール。わたしは広岡さんに目で「もういい」と合図を送る。広岡さんが「じゃあ出ようか？」という仕草をする。その無言のやりとりを女主人がすこし苛立った様子で見ている。早く出ていけ、という顔つきだ。わたしは女主人に向き直って、最大限にこやかに言った。

「コーヒーをふたつください」

あれ、飲んでいくのかい。客なら仕方ない。そんな感じでニヤリと笑って、女主人はギャルソンに告げた。「こちらに、コーヒー二杯」。

二〇一五年十一月十三日に起きた、パリ同時多発テロ事件。過激派組織ＩＳの影響を受けたテログループによって、市民が無差別に狙われた。死者は百三十人、負傷者は三百人以上。現場となったのはサッカー場、劇場、そして五軒の飲食店だった。このカフェ「ル・コントワール・ヴォルテール」もそのひとつ。

銃撃作戦を終えた実行犯のひとりは車を乗り捨て、最後にこの店にやってきた。金曜日の夜九時四十分。大勢の常連客が週末の夜を楽しんでいた。犯人は店内にぶらりと入ってきて、体に巻きつけた爆破装置を起動させて自爆した。店にいた十五人が巻き添えをくって負傷した。それが、この場所だ。

わたしと広岡さんは無言のままカウンターに並んで肘をついた。コーヒーを待っていると広岡さんの携帯電話が鳴った。コーヒーが出てきても、広岡さんはまだ電話を続けている。わたしは先に飲むことにし、シュガーポットを引き寄せた。

そのとき、女の人が話しかけてきた。さっき、店に入った瞬間に目が合って、「ボンジュール!」と声をかけてくれた女性だ。

「フランス語はできる?」

「できません」

「英語は?」

「すこしなら」

「じゃ、英語で言うね」

彼女はニコニコしながら、ゆっくりの英語で言った。

「わたしたちは、生きることに決めたの。前を向くことに決めたの。そのためには忘れる時間が必要なの」

わたしはうんうん、と大きくうなずいた。おそらく事件後、この場所に多くの人がはなしを聞きにきただろう。写真を撮っていっただろう。そしてあるとき、店の人も常連客も決めたのだろう。もうテロのはなしは終わり、と。

「よくわかりました。過去を蒸し返すような質問はしません」

カタコトでそう伝えると、彼女はいい笑顔で言った。

「わたしの名前はクロチルド。ようこそパリへ！」

それからは、パリには何日滞在するのかとか、フランスに来るのは何回目かとか、おきまりの会話。

彼女と話しているうちに、緊張と罪悪感がほどけて

クロチルドさん、ありがとう。

いく。クロチルドさん、すごいな。なぜ店の女主人がわたしたちを拒否したのか、その理由を正確に伝えようとわざわざ声をかけてくれた。その気持ち、その行動がうれしかった。

あの夜、テロの標的となったいくつかの飲食店では、路地に面したテラス席で多くの犠牲者が出た。犯人は路地を車で進みながら、至近距離から銃を撃ちまくったのだ。大量の血とガラス片で、店はぐちゃぐちゃになった。でもテロに屈しないためには一刻もはやく日常を取り戻すしかない。店はわずか数週間で営業を再開。そして常連客はテラス席を埋めた。「わたしはテラス席にいます」という横断幕が掲げられたという。理不尽な暴力には屈しない。それがパリの飲食店であり、客の心意気なのだということを世界に知らしめた。クロチルドさんも、勇敢な常連客のひとりなのだろう。

「あなたのことを忘れたくないから、写真を撮って絵に描きたいのだけど、いいかな？」

と頼んだら、クロチルドさんはうれしそうにカメラの前に立ってくれた。いつの間にか近所の犬もやってきて、慣れた様子でカウンターの下に寝そべっている。

6

いまを生きる
おじさん

人は変わることができる。変わらなければいけない。

――ロベール・フランク

正直に告白しなければならない。長いあいだわたしは、第二次大戦中のユダヤ人虐殺、いわゆるホロコーストはドイツのはなしだと思っていた。だってナチスもゲシュタポもハーケンクロイツもドイツ語じゃん。ヒトラー、ゲッベルス、アイヒマン……みんなドイツ人だし。

そうではなかった。フランスでも大量のユダヤ人が強制収容所へ連行されて殺された。第二次大戦中、ナチスに協力的なヴィシー政権下では激烈なユダヤ人狩りが行われたのだ。

からりと晴れた昼さがり、わたしと広岡さんはショア記念館へ出かけた。ショアとはヘブライ語で絶滅という意味で、フランスではホロコーストのことをショアと呼ぶのが一般

75年前「隠れた子ども」だった人

ロベール・フランク

* 87歳
* 好きなスポーツは テニスとハンドボール
* 好きな食べものは、ベイクドチーズケーキ

的みたい。ショア記念館は、マレ地区の静かな路地に面していた。

その展示はわかりやすく、理知的で、すみずみまで清潔だった。印象深いのは、展示室の真ん中に置かれた木製の農機具のようなもの。これで麦の脱穀でもするのか、ぶどうを潰してワインでも作るのか、と思ったら、広岡さんが解説板を淡々と読み上げた。「ユダヤ人を殺したあと、死体を粉砕し証拠隠滅するために使った機械」。ひええぇ。

「一九三九年のフランスの人口は四千二百万人。うちユダヤ人が三十二万五千人いました。ほとんどはパリに。このマレ地区にもユダヤ人がたくさん住んでいました。三十二万五千人のユダヤ人のうち、八万二千人がショアで殺されました。そのなかには一万千四百人の子どもも含まれます」

ショア記念館のスタッフは、諳《そら》んじている数字をハキハキと言った。

中世ヨーロッパでは、ユダヤ人は土地を所有することが許されず、住む場所もユダヤ人居住区（ゲットー）に制限されていた。フランス革命が起こると、フランスのユダヤ人たちはゲットーから解放されて「市民」になった。それを聞いたヨーロッパ各地のユダヤ人は、フランスを目指した。フランスに行けば自由に暮らせる、と信じて。そんなわけで、一九三九年の時点で国内のユダヤ人は三十二万人にふくれあがっていたのだ。

「終戦時、フランス国内にユダヤ人の孤児が二万人いました。〝隠れた子ども〟です。名前を変え、経歴を変え、隠れて生き延びたユダヤ人の子どものことをそう呼びます。多くの市民が、命がけでユダヤの子どもをかくまったおかげで、どうにか生き延びました」

スタッフは、わたしと広岡さんの顔を交互に見て、言った。

「隠れた子どもだった人に、会いたいですか」

えっ。まだご存命の方がいるのか。

数日後、わたしと広岡さんは元・隠れた子どもの家を訪ねた。

あの土曜日の午後に聞いたはなしを、わたしは一生忘れないだろう。長い長いはなしだった。ノンストップで三時間半。ロベールさんはひたすら話し続け、広岡さんはそれを訳し続け、わたしはノートをとり続けた。

すべてが終わったあとロベールさんは、高級そうなクリスタルガラスのコップにガス入りの水を注いでくれた。三人で水をごくごく飲んだ。みんなでひとつの仕事をやりおおせた達成感と連帯感がわき上がってきて、顔を見合わせて笑った。そのガス入りミネラルウォーターにたどり着くまでの三時間半のはなしを、これから書き記そうと思う。

父も母もポーランドの出身です。ふたりはそれぞれフランスに移住し、メスという町で一九二九年一月一日に結婚しました。その年の十一月にぼくが生まれました。五年後に妹、その二年後に弟、さらに二年後にもうひとりの弟が生まれました。

ぼくが生まれると、父はすぐにフランス国籍を申請しました。だからぼくは生まれてからずっとフランス人です。妹とふたりの弟はフランス国籍をとらなかった。父と母もフランス国籍をとろうとはしなかった。だから、家族のなかでぼくだけがフランス国籍で、ぼく以外はみんなポーランド国籍。このことがのちに大きな意味を持つのです。

父は旅するセールスマンでした。月曜日の朝にトランクにいっぱい服を詰めて、メスから五十キロ圏内を売り歩く。そして金曜日の昼に帰ってくる。土曜日には家族揃ってユダヤ教の会堂シナゴーグに行きました。家ではユダヤ教の戒律を厳格に守って、カシェルのルールにのっとって屠畜《とちく》された肉しか食べなかったし、牛乳と肉を一緒に食べるようなことはしませんでした。朝晩のお祈りも欠かさなかった。

一九三九年九月一日に戦争がはじまります。ぼくたちが住んでいたメスはドイツ国境のすぐ近く。だからメス市民は全員、列車で疎開しました。ぼくたちは太西洋に面したロワイヤンという町に移動しました。ぼくは九歳、妹は五歳、弟たちは三歳と一歳でした。

一九四〇年になるとドイツ軍がフランス北部を占領し、五月、ロワイヤンにもドイツの兵士がやってきました。ユダヤ人は家族全員の名前の登録を命じられ、身分証明書に「ユダヤ人」というハンコが押されました。赤いインクでね。十月になると「太西洋沿岸に住むユダヤ人は移動するように」という命令が出ました。もしイギリス軍やアメリカ軍が上陸してきたら、ユダヤ人は敵軍に協力するだろうから、という理由です。ぼくたちはドルドーニュ地方の村に移されました。

そこはものすごく田舎の村で、村人たちはユダヤ人というものを知らなかった。だから差別もなく、ぼくたちのことを国境近くから疎開してきた家族として普通に受け入れてくれました。野菜を作り、鴨《かも》やアヒルを育てて、ほぼ自給自足の暮らし。あとから考えると、ここでの二年間はぼくにとって最高の子ども時代でした。

村の外では、いろんなことが起きていました。ドイツの支援を受けたヴィシー政府がさまざまな通達を出していたんです。ユダヤ人は映画館や公園、劇場に出入りしてはいけない。地下鉄は最後尾車両にしか乗ってはいけない。店に入って買い物をするのは午後三時から四時までに限る。医師、弁護士、教員はやめなければいけない。などなど。

そしてついに一九四二年一月二十日がやってきます。ナチスの上層部が会議で「ユダヤ人問題の最終的解決」を決めた日です。最終的解決とは、ヨーロッパのユダヤ人を殲滅《せんめつ》するということ。その日から、ぼくたちを取り巻く状況も劇的に変わっていきます。

六月になると、六歳以上のユダヤ人はみな、胸にダビデの星の黄色いワッペンを付けなければいけなくなりました。星を付けて学校へ行くと、級友に「それ、なあに?」と聞かれました。先生は「みんな、星のことを話してはダメよ」とだけ言いました。

そして一九四二年十月八日の夜。もう日付は九日に変わっていました。明け方の四時頃、軍警察が家のドアをノックしました。バスに乗せられて、アングレームという町の音楽ホールに収容されました。音楽ホールといっても、座席は全部取り払われていて、床に藁《わら》が敷かれていた。そこに四百人がぎゅうぎゅう詰めにされました。一日二回スープが出るだけ。トイレは三つしかない。悪臭と泣き声が充満していました。いま考えると、下の弟は二歳半でまだ母乳を飲んでいました。あんな状況で、母のおっぱいは出たのだろうか。なんだかね、いまになってそんなことが気になります。

二日後にドイツ警察が大きな袋を持ってきて、「持っている現金と貴金属をこのなかに入れろ」と言いました。そのとき、父がぼくのポケットにこっそり財布を忍ばせました。「誰にも言うな」とささやきながら。そこには七百フランと両親の結婚指輪が入っていました。

その翌日にまたドイツ警察が来て、「フランス国籍の子どもは外に出ろ」と命じました。フランス国籍だったぼくは無理やり連れていかれました。父の足にしがみついたけど警官の靴で蹴られて、引き剝がされました。父は泣いていた。父が泣く姿を初めて見ました。

キリスト教の神父が、ぼくらフランス国籍の子を馬車の荷台に乗せて連れていきました。馬車が出発するとき、父がぼくに向かって叫びました。ユダヤ人が使うイディッシュ語で。

「ユダヤ人だということを絶対に忘れるな！」

結果的にこれが、父がぼくに言った最後のことばになったわけだけど、それは「体に気をつけろ」でも「がんばって生きろ」でもなかった。そのことを何度も反芻《はんすう》しました。母や妹、弟たちとはことばも交わさぬまま離れ離れになり、以来、会っていません。


三か月間、神父さんのところにいました。それからひとりずつ、まだ捕まっていなかったユダヤ人家族に預けられました。ぼくはシャテルローという町の家族に預けられ、そこからリセ（中学・高校）に通いました。もう十四歳でしたからね。通学の行き帰りにユダヤ教の祈りのことばを口のなかで唱えました。信仰心があったというより、両親とのつながりを感じていたい、という思いからね。

しかしホッとできたのも束の間、また警察官がやってきた。

「ここでユダヤ人の子どもを預かっているだろう？　荷物を持って警察に来い」

ぼくの足取りはすべて当局に追跡されていたんです。孤児のキャンプに送られ、そこからパリ行きの列車に乗せられました。

パリに着くと、駅で子どもたちは「年長」と「年少」のふたつの組に振り分けられました。ぼくは年少組に入れられた。あとからわかったけど、年長組に入った人たちはそのままドランシーに送られました。ドランシー……。フランス国内のユダヤ人はまずドランシーの収容所に集められ、そこからアウシュヴィッツなどへ送られて殺される流れでした。ぼくの家族もみんなドランシーへ連れていかれたのだと思います。

ぼくはギリギリでドランシー行きを免れて、パリ四区の寮に移されました。十三歳から十八歳の男子寮。週に一度、食事に肉が出るんです。ぼくの皿に乗っているその細かい肉片を、テーブル三つ離れたところに座っている子がかすめとる。まさに生存競争でした。

寮に入って九か月目、ぼく宛に切手が貼られていない手紙が届きました。そこには「わたしはあなたの家族の友だちだ。何月何日にどこそこへ来なさい。このことは誰にも言わないように」と書かれてあった。とても怖かったけど、指定された日に指定された住所へ行きました。パリ十一区の黒い大きな家でした。門を開けると中庭に女性がいました。

「あなたはロベール・フランクね？」

うなずくと二階の部屋に連れていかれた。女性はすぐに外に出て、外から鍵を締めました。罠にはまったと思って、ぼくはドアをドンドン叩いた。外の女性は「落ち着いて。心配しなくていいのよ。すぐに別の人が来るから」と言いました。

　不安な気持ちでしばらく待っていると、おじいさんがやってきました。

「星をとりなさい」

とまず言われた。ぼくはいつも服にダビデの星のワッペンを付けていた。それが規則でしたからね。その星をとれ、とおじいさんは言う。さらに、

「名前を変えなさい」

と。ぼくはフランソワ・ロベールという名前を与えられて、ニセの生年月日と生誕地をおぼえさせられました。おじいさんはぼくの目を見て、

「きみはユダヤ人ではないことを肝に銘じなさい。いいな？」

と念を押しました。

　そのあと無宗教の学校に連れていかれました。校長先生はマダム・バロンという女性。バロン先生はぼくがユダヤ人の子だと知った上で、ぼくを下宿させてくれました。すばらしい人だった。ナチスに抵抗するレジスタンス運動をしている人だったんですね。

　あとからわかったけれど、あの四区の男子寮。あそこに出入りしていたお医者さんがレジスタンスの人だった。寮にいる子どもをひとりずつ救おうと計画したんだそうです。そ

れでぼくを黒い大きな家に呼び出してくれた。黒い家でぼくに「名前を変えなさい」と言ったおじいさんは、その医者の義理のお父さんでした。ユダヤ人を助ける地下組織を作っていて、戦争中に約五百人の子どもを助けたらしい。でも結局、あの寮から救い出せたのはぼくを含めて五人か六人。残った子どもたちは収容所送りになってしまいました。

バロン先生の家はパリ十区、東駅の近くでした。もうひとりジョルジュという下宿生がいて、ふたりで同じ部屋で生活しました。ジョルジュもユダヤ人だったわけだけど、当時はお互い、自分はユダヤ人ではないという顔で暮らしていた。ジョルジュとは戦後も仲良くしていて、「あの頃、よくお互いに黙っていられたもんだなぁ」って話しますよ。

一九四五年、ついに戦争が終わりました。収容所にいたユダヤ人がパリに帰ってきた。彼らが着いたホテルには、家族を探している人が殺到しました。ぼくも両親の写真を持ってホテルに行きました。収容所から生還した人たちは憔悴《しょうすい》しきって、とんでもなくひどい姿で……。ショックでした。家族の消息も、結局わからずじまい。

一九四七年、ぼくは学校を卒業しました。バロン先生が「お祝いになにが欲しい？」と聞いてくれた。ぼくは「メスに行きたい」と答えました。ぼくの家族がもともと住んでいたメス。バロン先生は汽車の切符を手配してくれました。ひとりでメスに行き、住んでいたアパート、学校、知っている場所を歩き回りました。幼なじみの家を見つけたのでベルを押したら、その子のお母さんが出てきて「あんた、生きてたの！」と叫びました。

それでね、もともと住んでいた家の周辺をウロウロしていたら、「フランク」という表札が出ている家があったんです。ぼくの苗字。しかもその字が、父の筆跡に似ていた。

「あぁ！　みんな戻っていたのか！」

って、ぼくはうれしくなりましてねぇ。その家は留守だったから、またさっきの幼なじみの家に戻って聞いたら「あのフランクさんはあなたのお父さんじゃなくて、弁護士のフランクさんですよ」って言われて。うん……やっぱり違ったか……って。

ぼくは戦後何年経っても、両親が帰ってくる可能性を考えていました。ドイツかロシアで強制労働させられているのではないか、それでいつか帰ってくるんじゃないか、とね、ずっと考えていました。一九七七年に、収容所に移送されたユダヤ人の名簿が作られました。七万六千五百人が載っています。その一九四二年十一月四日の欄に両親と妹、弟の名前がありました。それを見てね、うん、やっと。あきらめる気持ちになりました。

長いはなしはこれで終わりだ。ロベールさんは始終穏やかな口調で話し続けた。それにしてもロベールさんの記憶力には舌を巻く。これまで何十回も時系列をなぞって思い出したのだろう。そして人に乞われれば躊躇《ちゅうちょ》せず、繰り返し語ってきたのだろう。

はなしはひと段落し、わたしたち三人は水をごくごく飲んだ。そのあとロベールさんはみずからコーヒーを淹《い》れてくれ、クッキーをふるまってくれた。以下はコーヒーを飲みながらの会話で拾ったその後のエピソード。


ロベールさんは戦後も勉強を続けて、歯科医師になった。いまはもう引退している。妻とは学生時代に出会った。偶然だが彼女もユダヤ教徒だった。妻の両親はロシア共産党の活動家で、戦時中は英語でニセの家系図を作り、ニセの名前を名乗ってナチスの魔の手を逃れたという。いまでは二人の娘、四人の孫、二人のひ孫がいる。

戦後はとてもしあわせだった。けれど「ぼくは欠乏に対する恐怖がものすごくあって、チョコレートでもなんでも、必要な量の三倍買ってしまう」。後遺症はそれだけではない。ロベールさんは、穏やかな笑みを浮かべながら驚くべきことを言った。

「ぼくは神様が信じられなくなった。ラジカルに、深く、無神論者になった」

なんと、ロベールさんは戦後、ユダヤ教を棄《す》てたのだった。

いまでもユダヤ人コミュニティには友だちがたくさんいる。それに、おふくろの味といえばユダヤ料理だ。フォア・アシェと呼ばれるレバーのたたき、塩で漬けたピクルス、分厚くてレーズンが入ったベイクドチーズケーキ……かつてお母さんが作ってくれた料理を味わいたくてユダヤ料理屋にはときどき行くのだという。でも。

「もう食事の前のお祈りはしませんよ」

とちょっとおどけて言った。そして笑顔のままで続けた。

「敬虔《けいけん》なユダヤ教徒だった父は、まじめにはたらいていれば必ず神様が助けてくださる、といつも言っていました。でも父は神様を信じることによって、闘うことを放棄していたのではないか、とも思うんです。だからぼくは信じるよりも、闘い続けていたい」

ラジカルに、深く、無神論者。その意味がなんとなくわかった。

「父は最後に「ユダヤ人だということを絶対に忘れるな」と言った。あれが父の遺言だったのに、ぼくは宗教を棄て、父を裏切ってしまった。その罪悪感がずっとありました」

ゆっくりとコーヒーに口をつけて、ロベールさんは続けた。

「家族でぼくだけが生き残った。ぼくだけ捨てられた、という思いもありました」

ロベールさんはいまでも父親の
財布と結婚指輪を大切に持っている。

ロベールさんと家族の運命が分かれた理由ははっきりしている。家族のなかで彼だけがフランス国籍だったからだ。「両親は、なぜぼくが生まれたときにフランス国籍を申請したんだろう。なぜ妹や弟が生まれたときはポーランド国籍で出生届を出したんだろう」。ロベールさんは長いあいだこの謎について考え続け、ひとつの仮説を得た。

長男であるロベールさんが生まれたとき、両親はフランス社会に溶け込もうと考えた。でも下の子たちが生まれた頃にはヒトラーが台頭していた。ユダヤ人差別が激化し、両親はいずれフランスを離れる可能性を念頭に置いていたのかもしれない。それで妹や弟たちはあえてフランス国籍にしなかったのではないか……。真相はわからない。

「戦争が終わったとき、すべてのドイツ人が憎かった」

とロベールさんは言い、「しかし」とほほえんで、後日談を語ってくれた。

終戦から三年後、フランスの子どもたちがドイツの農家に泊まりに行くという交流イベントがあり、ロベールさんはそのメンバーに選ばれた。夜、宿泊施設のとなりの部屋からドイツ語が聞こえてきた。

「それを聞いて、気が動転しちゃってね」

と言うから、恐怖が蘇ってきたのか、憎しみがあふれ出たのかと思ったら。

「すごく懐かしくて」

ドイツ語は、ユダヤ人が使うイディッシュ語に似ている。だから懐かしく、親しい気持ちになったのだという。それでドイツの子どもたちと仲良くなった。目の前の子どもたちは戦争とは関係ないと自然に思えたのだ、とロベールさんは温和な微笑をたたえる。

すごいなぁ。そんなふうに思えるだろうか、自分だったら。

ロベールさんの歯科医院にはドイツ人の患者もいた。その人とはドイツ語で会話し、いい関係を築いたという。ドイツの高校の先生に頼まれて、生徒たちに戦争体験を語ったこともある。その先生とは親しくなって、ドイツのお宅にも招かれた。

「人間には、人を憎む気持ちがある。権力者がそれを奨励する」

あぁ、権力者は憎む気持ちを利用する、いつの時代も。

「だけど、人は変わることができる。変わらなければいけない」

別れ際、ロベールさんはわたしの手を握り、そのまま肩を抱いてくれた。わたしはロベールさんの孫娘になったような気持ちで、そのぬくもりを味わった。

アパートの外に出ると、そこは二〇一七年。狂気の時代から七十五年が過ぎて、春の明るい空が広がっていた。さあて、カフェでパナシェでも引っ掛けるか。

国にいるときは、毎日がサッカーと音楽だった。

——サイド・アリ

ポルト・ド・ラ・シャペルはパリのいちばん北に位置する十八区の、そのまた北のはずれ。バスを降りると、ほかの地区とはあきらかに違う空気が立ち込めていた。肌の黒い男の人が路上に座り込んだり、立ち尽くしたりしている。数百人はいるだろうか。

あの人たち、なにをしているんだろ？と注意して見ると、彼らはなにもしていないのだった。たとえ日向ぼっこや夕涼みでも、よしんば路上に寝ているとしても、それは意思のある行為だけれど、彼らはそうではない。なにもやることがない人間が陥る無表情。ふしぎな重さと静けさだった。

大通りの向こうに難民センターがある。政府に難民申請をして受理されるかされないか

難民センター近くの路上にて①

サイド・アリ

* 29歳
* 「写真を撮られるのは嫌だ」と言うので15秒で似顔絵を描かせてもらった。たしか、こんな感じの人だった……
* スーダン出身

難民センター近くの路上にて②

アサドラ・アフマド・ザイ

* 28歳
* 寝泊まりしているテントに招待してくれた。が…
* アフガニスタン出身

の判断を待っている人が、ここに溜まっているのだった。炊き出しの列に並び、道端のテントで眠る。テントがない人は路上で眠る。毎日がその繰り返し。

「誰かにはなしを聞いてみるかい？」

広岡さんに促されて、無表情な男たちにそろそろと近づいてみる。返ってくるのは冷めた視線だけで、「こんにちは」もなければ「なんだお前ら？」もない。うう、どうしよう。

最初に声をかけたのは、ファッションがなんとなく独特だった人。みんな着の身着のまま、このなか、この人はニット帽とそこからはみ出しているもしゃもしゃした毛がレゲエっぽくて、ちょっと惹かれた。話してみると、訥々《とつとつ》としゃべる穏やかな人だった。名前はサイドさん。フランス語はできず英語を使う。

アフリカ北東部のスーダンから来た。大工をしていたが困窮し、ロンドンではたらいている兄を頼ってヨーロッパを目指したという。リビアからイタリアを経由するルート。

「ボートに三百五十人乗りました。ぎゅうぎゅう詰めで、三日三晩」

と肩をすくめる。あぁ、それはまさに。ときどきニュースで耳にする難民船というやつではないか。あっけなく転覆して何百人もが地中海に消えていく、あのボートのことではないか。この人はひとつしかない命を使って大きな賭けに出たのだ、と思いながらサイドさんの長いまつげをじっと見る。

「船に乗るのに、いくらかかるんですか？」

「ブローカーに五千ドル払ったよ」

その答えを聞いて、となりで広岡さんが不機嫌になるのがわかった。広岡さんはつね日頃、「難民問題の元凶はブローカーだ」と語っている。ヨーロッパに行かせてやる、そしたら人生バラ色だとでも喧伝して、貧しい人から大金を巻き上げて、地獄行きの船に押し込む。運良くヨーロッパにたどり着けたとしても、そこには聞かされていたのとはまったく違う現実が待っている。ブローカーがいる限り、不幸な難民はあとを絶たない。難民が押し寄せることで生じる問題も永遠に終わらない。一刻も早くブローカーを取り締まれ！というのが広岡さんの持論だった。

サイドさんは、五千ドル払えば兄がいるロンドンまで行けると信じた。けれども。

「ロンドン行きを何度もトライしているんだけど、まだ行けずにいるんだ」

ボートでイタリアに上陸したあと陸路を北上し、三か月前にフランスに着いた。パリまで来れば、ロンドンはすぐだ。でもサイドさんはいまだパリ十八区の路上で、なにもしない時間を過ごしている。イギリス政府は難民・移民の受け入れに消極的で、イギリスに渡れない難民がフランスじゅうにあふれていると聞く。

気分を変えて、趣味を尋ねた。

「スーダンにいるときは、毎日がサッカーと音楽だった。サッカーはバルサのファン。メッシだろ、イニエスタ、それからシャビ……」

と好きな選手を次々とあげていく。

「音楽はどんなのが好き？」

そう訊くと、今度はひとりの名をうれしそうに言った。

「ボブ・マーリー」

あぁ、やっぱり。レゲエが好きなんだな。サイドさんは青春時代を懐かしむように、少し照れながら言った。

「ボブ・マーリーを聴きながら、いろんなことを考えるのが好きだった」


つぎに声をかけた人は、アフガニスタン出身だった。アサドラと名乗ったその人は、

「ローガル州」

とぶっきらぼうに言った。イスラム過激派組織タリバンの重要拠点だ。9・11（アメリカ同時多発テロ）の首謀者オサマ・ビン・ラディンをかくまったタリバン。バーミヤンの仏教遺跡を破壊して、得意げにその動画を配信したタリバン。教育の機会を奪わないでと訴

えた女子中学生マララさんを襲って瀕死の重傷を負わせたのもタリバンだった。はぁ、すごいところに生まれちゃったんだなぁ、アサドラさんは。

「それでもね、国にいればなんでもできたし、なんでもあった。ここよりマシだよ」

と吐き捨てた。なんだか苛立っているようだ。

学校を出て、石油会社に勤めていた。そこでブローカーに会い、八千ドル支払ってフランスに来たという。ブローカーと聞いて、案の定、広岡さんまで苛立っている。

イラン、トルコ、ブルガリア、セルビア、ハンガリー、オーストリア、イタリア、そしてフランスというルート。ここにたどり着くまでに二年かかった。

「パリに着いてみれば、このザマだよ」

手にしたビニール袋を見せてくれた。いま、炊き出しの列に並んでもらってきたものだ。食パン、オレンジ、野菜ジュース、ポテトチップス、ペットボトルの水。これを路上かテントのなかでひとりむさぼる。そういう暮らしがもう一か月以上続いている。

「ここには教育もない。文化もない。自分が国にいるときにできたことは、なにもできない」

炊き出しで配っていたもの。

ヨーロッパに行けば。フランスにさえ入国できれば。平和で人間らしい暮らしが待っている。そう信じてはるばるやってきたのに、祖国にいるとき以上に心が荒《すさ》む。こんなはずじゃなかった。それがアサドラさんの苛立ちの原因なのだった。

アサドラさんは、寝泊りしている橋の下に向かって歩き出した。その数百メートルの道を、話しながらついていった。

「信仰はお持ちですか?」

と聞いたら、

「ムスリムだよ。ムスリムであることに誇りを持っている」

と噛みつくように言い、「文句あるか?」と言いたげな目をこちらに向けた。穏やかにうなずいてみせたら、アサドラさんも表情をふっと緩ませて「ちゃんと一日五回お祈りしているんだ」と静かに付け加えた。

橋桁《はしげた》の下に、数十のテントがびっしりと並んでいる。そこに、やはりなにもすることがない男たちが無表情でたたずんでいた。アサドラさんはつっけんどんな口ぶりながらも、わたしたちともう少しはなしがしたいと思ったのかもしれない。

「おれのテントに来る?」

と誘ってくれた。アサドラさんのあとに続いてテント地帯に足を踏み入れる。すると数人の男たちが眼前に立ちはだかった。とっさに広岡さんが日本語で「これ以上、行くのはやめよう」と言い、わたしたちは二秒で回れ右。アサドラさんに目顔で「やっぱり帰るね」と伝え、そそくさとテント地帯を脱した。

突如現れた男たちは、なんだったんだろう。よそ者は入るな、と言いたかったのか。取材したいなら金を払えということだったのか。なんにせよ、歓迎している雰囲気はまったくなかった。広岡さんの判断に従ってよかった。

空の色が少し薄くなってきたが、まだまだ日が高い。路上では、さっきと同じ場所に同じ人たちが同じ姿勢のまま、じーっと時間が過ぎるのを待っている。


さてこの難民・移民の問題。もちろんわたしの手に負えないのはわかっている。わたしにできるのは、ただ粛々《しゅくしゅく》とおじさんを集めることのみ。難民テント村の潜入取材は不発に終わったけれど、まだまだ行くぞ、そこにおじさんがいる限り。というわけで、難民支援団体の事務局長にアポを取り付けた。

世界は救えない。
ただ、ひとりの人に向き合うだけ。

——ピエール・アンリ

静かな雨が街路樹を濡らしていた。午前十時、難民を支援するNGO「フランス・テール・ダジール（FTDA）」の本部に向かう。難民センターのあるポルト・ド・ラ・シャペルからそう遠くない場所。無機質なアパルトマンが並ぶ路地裏に、ベトナム料理や中華料理の店が目についた。

受付で来意を告げてしばらく待っていると、グレーのスーツを着た大柄なおじさんがやってきた。

「ボンジュール！　お待たせしました」

声も、握手の手のひらも大きい。

難民支援団体の事務局長

ピエール・アンリ

* 趣味は散歩
* サッカーはマルセイユのファン
* 62歳

広い事務局長室に通され、ゆったりした応接セットに腰を沈める。奥にピエールさんの大きなデスクが見えたが、デスクの上は資料がぐちゃぐちゃに積まれていた。整理整頓が苦手なわたしと同じ種族かもしれない。

「いまFTDAには八百人のスタッフがいます。スタッフの国籍は四十四か国です」

難民申請の手助け、住居探しの手伝い、進路相談など、一日に約一万人の難民の対応をしている。難民にとっては、めちゃくちゃありがたい組織だろう。

創立は一九七一年。当初はたった二十人ではじめたFTDAは、四十年ほどで八百人の巨大組織になった。その拡大の軌跡こそ、フランスの現代難民史でもある。

「一九七三年に南米チリでピノチェトの軍事クーデターが起きたでしょう。そのときにチリ人を受け入れたのが最初でした」

とピエールさんは歴史を紐解く。クーデター後のチリでは、左翼的だとされた文化人、学生、労働者などがどんどん殺されていった。フランスに亡命する人も多かったらしい。

八〇年代終盤まで、難民申請をする人は、東側（共産圏）の反体制派か、南米の反体制派のどちらかだった。いわゆる政治亡命者だ。だが八九年のベルリンの壁の崩壊以降、状況は一変する。内戦で家や土地を奪われたり、身の危険を感じたりして逃げてくる一般市民が急増した。たとえば宗教の違いや人種の違いから排斥されるケースが世界じゅうで多発している、とピエールさんは解説する。

はぁ。はなしを聞きながら、むなしさがつのる。人間は永遠に馬鹿だ。これじゃあ難民を助けても助けてもきりがないじゃん。実際、二〇一五年、ヨーロッパを目指す難民・移民は百万人を突破し、解決の糸口は見えない。まぁ、難民がいるからピエールさんたちの仕事があるわけだけど、ほんとうはこんな仕事がない世界がいちばんいい。

わたしは八つ当たり気味に尋ねる。

「あのですね、どんどん来るわけじゃないですか、難民。でも現実には、受け入れにも限度がある。どうしたらいいんですかッ」

ピエールさんは、ぐすんと鼻を鳴らした。どうやら鼻風邪をひいているらしい。

「機会は平等に与えられるべきです。だからといって、世界のすべての人を受け入れなければならないわけではない。理想を持つことは重要だが、幼稚であってはいけない」

この一年間でフランスに難民申請した人は八万八千人。そのうち三万六千人が受け入れられた。受け入れなかった人を送り返すのは難民条約に違反しない、とピエールさんは淡々と言い、ポケットからすでに使った形跡のあるちり紙を出してきて、鼻水をぬぐった。きれいなちり紙を常備していないところも、わたしと同じ種族のようだ。

つぎにわたしは広岡さんの方をちらりと見て、あのことを聞いてみた。

「ブローカーの甘言《かんげん》に乗せられて、大枚《たいまい》をはたいて、命がけでフランスに来る人も多いようです。それで難民申請が通らずに送り返されたら、ブローカーの丸儲けじゃないですか。ブローカーの取り締まりはどうなっているのでしょう」

ピエールさんの答えはこうだ。

ブローカーの取り締まりは内務省の管轄だが、そこがなにもしていないとは思わない。実際にいくつものブローカー組織を解体している。まずは正当な難民が正当に亡命できる道を整備するしかない。そうすれば自然にブローカーが儲ける余地はなくなる。

ほうほう、なるほど。広岡さんの表情をうかがうと、横目でちらっと見返してきた。

ピエールさんは生粋のパリっ子で、若い頃は政治家を目指していたらしい。二十年ほど前からFTDAの仕事をしている。座右の銘を尋ねると、

「ひとりの人間を救うものは人類を救う」

ユダヤ教、キリスト教、イスラム教に共通することばらしい。スタッフとも、このことについてしょっちゅう話すのだという。

「世界は救えない。ただ、ひとりの人に向き合うだけ。わたしたちには、それしかできない。でもそれが大事なんだと思っています」

その口ぶりに、難民支援の葛藤がうかがい知れた。支援活動をしていれば、問題のあまりの広大無辺さに無力感を抱くこともあるだろう。でもまずは目の前のひとりのことだけ考えようと自分に言い聞かせているのだろう。

お礼を言って、事務所を辞した。雨は上がっていて、空気がひんやり。歩き出した途端、広岡さんが言った。

「あの人、ブローカーを真面目に取り締まる気がぜんぜんなかったね！」

わはは。広岡さんは、ピエールさんのはなしにまったく納得していなかったのだ。

「あんなの政治家の答弁と一緒だよ」

言われてみれば具体的なブローカー対策はなかったなぁ。つっこみが甘かったか。

「いくら聞いたって本音なんか言わないでしょ」

広岡さんはあっさり言う。ピエールさんはたぶん、難民問題の裏側を詳しく知っているはずだ。でもそれを初めて会った人にペラペラ話すほど気楽な立場ではないのだろう。

「さてと」

広岡さんがこちらを向いて、高らかに宣言した。

「来る途中にベトナム料理とか中華料理とかあったじゃない。あそこで麺を食べよう」

人生は闘いだと思っています。

——レワン・ハッサン

難民問題をかじって数日が経った頃、広岡さんがおもしろそうな情報を持ってきた。

「イラク・クルディスタン地域のフランス代表部っていうの、興味ある？」

「なんですか、それ」

「知らない」

ガクッ。難民問題といえばクルド人もはずせないという発想で、広岡さんがクルドと名のつく団体をネット検索したら出てきたのだという。ためしに電話してみたら、質問があればどうぞいらしてくださいい、と言われたのだとか。

「よくわからないけど……いや、よくわからないからこそ行ってみましょう」

堅牢なビルの上階に、イラク・クルディスタン地域のフランス代表部はあった。

「ようこそおいでくださいました」

美しいフランス語で晴れやかに出迎えてくれたのは、広報担当のレワンさん。長身を品のいい黒セーターと黒ズボンに包んでいる。あごをびっしり覆う黒いひげ、ぶっとい眉毛。二十九歳と聞いて、「おじさん」に入れるのは申し訳ない気もしたが、温かみのある濃いお顔に免じて許していただこう。

広々とした応接間に通された。けっして華美ではないが、上質な調度品が置かれている。訪ねてきていきなりこんなことを聞くのもどうかと思ったが、聞かざるを得ない。

「あのう、ここは、どういう場所なんでしょう？」

レワンさんはちょっと驚いたようだが、丁寧な口調で言った。

「ここは、イラクのクルド人自治区の領事館の役割を果たしています」

あぁ、どうりできちんとしているわけだ。レワンさんは、このなにも知らない日本人には初歩の初歩から説明しなければいけないと悟ったらしかった。

「ではまず、クルド人についてご説明します」

そう言って、クルド人居住区の地図を机の上に広げた。

トルコ、シリア、イラク、イランの四か国にまたがってクルド人が住んでいる。その数は数千万人といわれていて、国を持たない世界最大の民族集団だ。百年ほど前まで、クルド人はまとまって住んでいた。でも自分たちのあずかり知らぬところで国境ができて四つに分断されてしまったのだ。ひどいはなしだ。黒幕は案の定、イギリスとフランス。ほんと、ロクでもない。

当然、四つの国のクルド人たちはそれぞれ独立を願ってきた。だが政府が弾圧するやら、それに対抗して反政府ゲリラが活動するやら、混乱は深まるばかり。八〇年代のイラン・イラク戦争のときは、イラン政府がイラク国内のクルド人を支援し、イラク政府がイラン国内のクルド人を支援し、クルド人同士が戦うハメになったとか。めちゃくちゃである。

珍しい地図にカメラを向けると、レワンさんは「あ、ちょっと待って」と手で制して、セロハンテープを取ってきた。そして地図のはじっこを丁寧に伸ばし、テープでテーブルに貼り付ける。あとからわかったのだけど、レワンさんは大の地図好きなのだった。

「イラクでは、二〇〇五年に憲法ができまして、クルド人自治区が認められました。現在

イラクから逃げてきたクルド人

レワン・ハッサン

＊座右の銘は「酢を味わわなければハチミツを味わうことはできない」。
つらいことにも必ず意味があるというクルドのことわざ。

＊29歳

わたしたちは独自の議会、軍隊、政府を持っています」

胸を張るレワンさん。イラクのなかでクルド人はちゃんと領土や権利を認められているのだ。すごいではないか。クルド自治区の首都アルビルには、アメリカ、イギリス、ロシア、ドイツ、フランス、スペインなど二十五の国が領事館を置いているという。

「そして、いちばん最近できたのが日本の領事館です」

ほー、知らなんだ。現在、外国人がイラクのビザを取るのはむずかしいが、クルド人自治区に渡航するのは比較的簡単だという。そんなことを聞くと、行ってみたくなるなぁ。

「クルド人の町には老人ホームがありません。クルド人は先祖や年長者を敬いますから、老人は必ず家族が面倒をみます」

「もともと遊牧民だったクルド人は四季を大事にします。子どもに生まれた季節の名前をつける人も多い。春はブホール、夏はホビン、秋はポーウィーズ、冬はザブスタン……」

などなど、レワンさんが語るクルドの文化がいちいち興味深いのだ。

「わたしはトルコ国境近くのエセという村で生まれました」

とレワンさん。どの辺りかしらんと地図を覗き込むと、悲しげな声が降ってきた。

「村はもうありません。サダム・フセインの毒ガス攻撃で壊滅しました」

えっ。レワンさんの顔をまじまじと見る。

一九八八年、フセイン政権はクルド人を掃討する「アンファル作戦」を実行。四千の村を毒ガスで攻撃し、十八万のクルド人が命を落としたり行方不明になったという。

「毒ガス攻撃のとき、わたしは一歳だったのでなにもおぼえていませんが」

と言いながら、レワンさんが両親から聞いた顚末《てんまつ》を話してくれた。

それ以前からフセイン政権による「ふつうの攻撃」が続いていました。ふつうの攻撃っていうのもへんですが、いわゆる爆撃や銃撃。家にいると攻撃されるので、みんな昼間は山中の洞窟に隠れて、夜になると外に出る生活をしていたんです。クルド人の格言に「クルドは山しか持っていない」っていうのがあるんだけど、山に逃げて抵抗するのがクルド人の昔からのやり方。フセイン軍にしてみれば、山に逃げ込んだクルド人は爆弾では殺せない。だから毒ガスをまいて洞窟のなかの人まで殲滅《せんめつ》しようと考えたわけです。

毒ガスで多くの人が死にました。生き残った人も、もう洞窟には住めない。父と母は一歳のわたしを連れてトルコのメルディンという町の難民キャンプに避難しました。イラクからトルコに逃げたクルド人は全部で十万人にのぼりました。

わたしたちはキャンプで二年暮らし、そのあいだに弟が生まれました。いつまでこの生活が続くのか、先が見えなくてつらかった。ある日、フランスのミッテラン大統領（当時）の夫人が視察に来て言いました。「百世帯をフランスに迎え入れましょう」。フランス政府が百の家族を選び、わたしたち一家もそのなかに含まれていました。

ふうむ、そうだったのか。選ばれた百世帯だけ、未来を手にすることができたのだ。その線引きに複雑な気持ちになるが、十万人を受け入れることはできないもんなぁ。

レワンさん一家は、フランスへやってきた。ブルターニュの休暇村で半年過ごしたあと、繊維産業が盛んなトロワの団地へ入居した。一家には政治難民として、まずは一年間の、つぎに十年間の滞在許可が与えられた。イラクでは軍人だったお父さんは、最初は学校の用務員の職を得て、そのあとパン屋ではたらいた。

「トロワの団地には、ベトナムのボートピープルもいたし、ユーゴスラビアの内戦から逃れてきた人もいました。アジア人、黒人、アラブ人、みんな仲良かったですよ。サッカーをやったり、ラップを聞いたり、ね。ごくごくふつうの少年時代」

おだやかな笑顔。レワンさんに「ごくごくふつうの少年時代」が訪れて、ほんとうによかった。外ではフランス語を話したが、家のなかではクルド語を使っていたという。両親はいつかイラクに帰るつもりで、そのとき子どもたちが困らないようにという配慮だっ

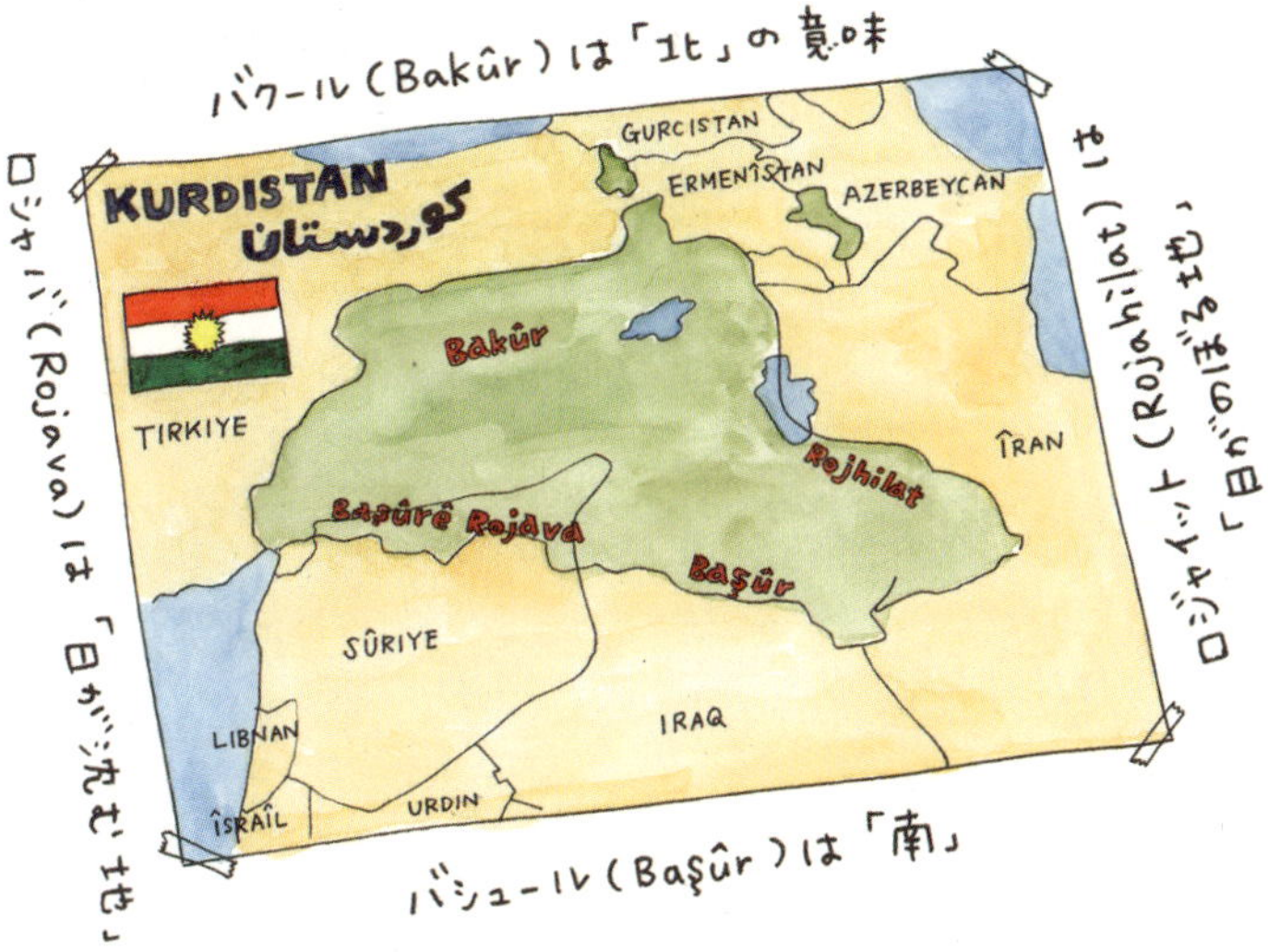

レワンさんが見せてくれたクルド人居住区の地図。
国境をまたいで「クルディスタン」がある

た。しかしフランスに来て十年あまり経ったとき、一家はフランス国籍を取得する。

「もういまでは、イラクには戻れないだろうって家族全員が思っています。手続きの問題で戻れないいんじゃなくて……」

少し口ごもって、それから続けた。

「戻っても、そこにはなにもないですから」


少年時代のレワンさんは、数学が苦手で、歴史と地理が好きだった。とりわけ地図が大好き。暇なときはいつも、ひとりで地図を見て過ごした。大学では地理学を専攻した。

「この国に来て、わたしは学問の意味を知りました。なぜ学ぶのか。博士になるためではない。世界を理解するため、自分で考えるためです」

あぁ、なんて深いことばだろう。

大学卒業後、レワンさんは広告の仕事を経て、国境なき医師団の通訳スタッフになった。そして昨年からこのイラク・クルディスタン地域フランス代表部ではたらいている。

「戦争はなぜ起きるのか。それは外交が失敗したからだ、とわたしは思うのです。いかなることも対話で解決しなければならない。それがわたしたちの使命だと思っています」

領事館ではたらく覚悟を、そんなふうに話してくれた。でも、ひどいことをされたら相手を憎むのは自然の情だ。やられっぱなしなんて悔しい。いばっているやつに吠え面《づら》かかせてやりたい。そういう気持ちにならないのかと子どもっぽく挑発したら、レワンさんはほほえんで言った。

「戦争は、やればやるほど悪循環になります」

二〇一一年頃から、過激派組織ＩＳの活動が活発になり、百八十万人の難民がクルド人自治区に逃げてきているという。彼らと一緒にＩＳと戦うべきだと考える人もいるが、レワンさんは違う。

「わたしたちの土地では、百年間ずっと戦争が続いてきた。戦争には心底うんざりしています。だからこそ対話しかない」

しばしの沈黙。

「祖父も父も兵士でした。けれど祖父も父も、いつかは戦争をやめなければいけないと考えていたようです。わたしは兵士ではない。戦争はしません。それでも」

レワンさんは、顔を上げて言った。

「人生は闘いだと思っています。今日、あなたにクルドについて話すこともわたしにとっては闘いです。聞いてくださって、ありがとうございました」

二十九歳の若きおじさんは、最初から最後までとても礼儀正しかった。

ケツを振らなくても、まっすぐ歩ける。

――ニコラ・ジャカール

ニコラさんは、おしゃれ弁護士レヴィさん（12ページに登場）の友だちだ。弁護士と、大衆紙の記者。オーダーメイドのスーツと、ジーパンにボーダーシャツ。ユダヤ教徒と、無宗教。およそ共通点のないふたりだが、仲がいい。

「四年前、ぼくが書いた記事に抗議の電話をしてきたのがレヴィだったんだよ」

とニコラさんが愉快そうに回想する。レヴィさんのクライアントを記事にしたら、担当弁護士のレヴィさんが出てきたという経緯。

「たいへんエレガントな抗議だった」

とニコラさんが冗談ぽく言い、レヴィさんはとなりで笑っている。そんなことがきっかけ

大衆紙「パリジャン」の記者

ニコラ・ジャカール

* 40歳
* 生まれたとき キリスト教の洗礼を受けたけど、現在は無宗教
* 社会部に所属
* 趣味は日曜大工

ニコラさんが書いた難民の記事

で人と人がつながっていく。パリはおもしろい街だ。

ニコラさんは、スイス国境に近いジュラ地方の農村で生まれた。

「じいちゃんや父さんがぼくに教えたことは、「ケツを振らなくても、まっすぐ歩ける」という農民的な価値観だった」

農民的な価値観とは、自然との調和、勤労精神、質素倹約、助け合い……。ケツが出てくる格言はつまり、「地に足をつけて生きろ」という教えらしい。

若い頃好きだった本は、ニコラ・ブーヴィエの『世界の使い方』。一九五〇年代にユーゴスラビア、トルコ、イラン、アフガニスタンなどを旅したスイス人作家の旅行記だ。

「ぼくも世界のいろんなことを知りたい。そう思いながら、あの本をよく読んだなぁ」

政治学を学んだあと、二十五歳で「パリジャン」の記者になった。「フィガロ」「ル・モンド」「リベラシオン」といった大新聞が格調高く主張・論評するのに対して、パリジャンは地域密着型の大衆紙。足を使った取材記事が売りだ。

「昨日はカレーの難民キャンプを取材してきた。明日はパリ市長にインタビューする予定です。毎日がそんな感じ」

難民をテーマに、アルジェリアやギリシャにも取材に行ったという。難民を取材してなにを感じるかと尋ねると、ニコラさんはスラスラと答えた。

「世間は難民問題について白黒をはっきりさせたがる。でも実際は、善と悪に分けられるようなことではない。たぶんどんな問題も、単純に善と悪になんて分けられない。だからこそ、記事はできるだけ客観的に書こうと思っているんです」

静かな口調から、それが何度も考えてたどり着いた信念であることがうかがい知れた。


「これまで、いろんな現場を見てきたけれど、ぼくを変えたのはハイチの地震です」

二〇一〇年一月に起きたカリブ海沿岸の国・ハイチの地震。地震の規模も大きかったが、政情不安やコレラの流行などもあいまって、死者は三十万人を超え、国民の三分の一に当たる三百万人が被災した。ニコラさんはいち早く現地入りし、取材に奔走した。

「ものすごい光景だった。人間がただの肉の塊《かたまり》になっているんだ。死体がゴミみたいに道に置き去りにされている。そのとなりに生きている人もゴミみたいにうずくまっている」

ニコラさんはその光景を見る前と見たあとで、仕事観も人生観も変わった。

「細かいことにくよくよしなくなった。いまを生きるしかないと思えるようになった」

いい笑顔だった。少年は、好奇心と正義感を持ち続けて大人になったのだ。ケツを振らずにまっすぐに。

大事なのは将来ではない。いまですよ。

――レ・ディン・タイ

通りがかりの小さな書店。店先のウィンドウにHAIKUの本が置かれていたので立ち止まった。フランス語読みで「アイク」、すなわち俳句はフランスでも人気らしい。

店の奥から、東洋人の顔つきをしたおじさんが出てきた。「やぁ、どうも。どこから来たの。お、日本人ですか。ぼくはベトナム出身」なんて、親しげに話しかけてくれて、「なに？　おじさんの取材？　そりゃまた、おもしろいことをしていらっしゃる」なんてほめてくれて、「立ち話もなんだから」「そうですね」という展開。

で、お茶を飲みに行った。こういう流れこそ旅の醍醐味。立ち話もなんだから、の「な

＊好きな食べものは、野菜とくだもの
「ベトナムで野菜ばっかり食べて
育ったからかなぁ」
＊76歳

癌の研究をしていたベトナム人
レ・ディン・タイ

んだから」はふしぎな言い回しだなぁ。フランス語でなんていうのだろう。

おじさんのお名前は、漢字で書くと黎廷太《レディンタイ》。ベトナムでは目上の人も下の名前で呼ぶのが一般的とか。ベトナムのタイさんということになる。

タイさんは医者だった。長くパリのキュリー研究所に勤務し、癌《がん》の研究をしていたという。キュリー研究所といえば名門だ。見た目はもっさりしているタイさんだが、相当な秀才にちがいない。現在は退職し、貧しい人の医療相談に乗っているという。

「さっきあなたに会った本屋さんね、あそこで貧しい家庭の子どもたちの医療や教育をサポートする会をやっていてね。今日はそこに用事があったんですよ」

タイさんはフレッシュオレンジジュースをズズとすすった。

「ぼくが生まれたとき、ベトナムは日本の占領下でした。ぼくは赤ちゃんだったから記憶にないけれどね」

そうだった。第二次大戦前のベトナムはフランスの植民地で、戦後はアメリカ合衆国にめちゃくちゃにされた。フランスもアメリカもひどい、と憤っている場合ではないのだった。日本だってどさくさ紛れにベトナムに進駐し、許されないことをたくさんしたのだ。

うつむくわたしに、タイさんは言い添えた。

「その後パリで、医学を志《こころざ》す日本人に何人も会いましたよ。日本人は真面目だから、研究者に向いているんだよねぇ」

やさしい口調にホッとする。癌の研究をしていたから、広島や長崎で被爆した人の記録もたくさん目にしたという。

タイさんはハノイの生まれ。おじいちゃんはマンダリン（高級官僚）、お父さんは校長先生というから裕福なおうちだったのだろう。長男であるタイさんは医者に、妹は建築家に、弟は弁護士になった。エリート一家だ。だが、おそらくは裕福なエリート一家だったが故に、ベトナム現代史の荒波に翻弄されていく。

一九五四年、ベトナムは北緯十七度線を境に南北に分断された。北のハノイは共産主義化が進み、住みにくくなったタイさん一家は南のサイゴンに引っ越す。タイさんがフランスに留学したのは一九六六年。医学部で、遺伝子学を専攻した。

「初めてパリに来たときは感激したねぇ。ヴォルテールもショパンもモーツァルトもここに来たんだなぁと思ってね」

しかし花の都にうっとりしている暇はなかった。その頃にはもうベトナム戦争が本格化していた。アメリカ軍が爆弾を落としまくるニュースを聞きながら、タイさんは祖国に医薬品をせっせと送ったという。

そのうちベトナム政府からの奨学金が途絶えた。といって、がっつりアルバイトができるほど医学部は甘くない。困窮したタイさんは先生や同級生に「なにか仕事ない？」と聞いて、研究室の掃除をしたり、試験管を洗ったりして、生活費を稼いだという。

一九七五年にサイゴンが陥落し、ベトナム戦争は終わった。だがタイさん一家にとっては、それからが闘いだった。共産党の国になると、旧体制下の政治家、軍人、資産家、知識人などは弾圧された。耐えきれずに祖国を捨てて難民となった人は、ラオスとカンボジアを含めて百四十四万人。うち八十万人がベトナムから海に漕ぎ出し、新天地を求めた。いわゆるボートピープルだ。この八十万人という数字は、生きて再び上陸できた人の数で、約一〇％が海に消えたと推定されている。

タイさんの家では、まず校長先生だったお父さんが強制収容所に入れられた。どうにか出所したものの、その後ほどなくして亡くなってしまう。しばらくして弁護士をしていた弟も収容所送りになった。

「あとになって弟に収容所のはなしを聞きましたよ。ジメジメした真っ暗な部屋で、天井に小さな穴がひとつだけ空いているんだって。みんなで順番に肩車をして、その穴に口を近づけて新鮮な空気を吸うんだって」

タイさんは、母と弟と妹を難民としてフランスに呼び寄せる手続きのために奔走した。フランス政府に入国ビザの申請をし、ベトナム大使館に出国許可の申請をする。何度も役所を行き来するが、なかなか許可がおりない。国連の窓口に行って相談したり、圧力をかけたり、できることは全部した。それでも許可がおりない。

「妹はね、待てなかったんだよね」

ポツリと言った。

建築家の妹は同業者の男性と結婚し、ふたりのあいだには女の子が生まれた。三人家族は、許可がおりる前にボートに乗って出国した。一九八〇年頃のことだという。娘はまだ三歳だった。その後、三人の消息はまったくわからない。ボートが海で転覆したか、あるいは海賊に殺されたのか。当時、ベトナム近海でタイの海賊が暗躍していた。

「許可がおりるまで待っていてくれたらよかったんだけどね。残念だね。うん、残念としか言いようがない。いまでもずっと残念だと思っている」

タイさんのやさしい口調は変わらない。でも表情の翳《かげ》りが、妹を助けられなかったことが一生の痛恨事《つうこんじ》だと物語っていた。

それから二年後、ついに許可がおりて、お母さんと弟さんは飛行機に乗ってフランスに来ることができた。難民として受け入れられ、フランスで生き直すことができたという。

あぁ、なんで。なんで妹さんは待てなかったのだろう。それをタイさんに聞いても仕方がない。タイさん自身がいちばんそう問いたいだろう。わかっているけど、つい「なんで」ということばが口から漏れる。

「妹一家は、共産党の兵士から嫌がらせをされていたらしい。いつ収容所に送られるかもわからない。その状況から逃れるために、ボートに乗ろうと決意したんだと思う」

ギリギリの選択だったのだ。海で死ぬリスクをとっても、自力で逃げる道を選んだということだ。若い夫婦は命を賭け、その賭けに負けた。

「そういう追い詰められた人のところに船を持っている人間が近づいてきて、金を払えば国外に運んでやるって声をかけたらしいんだ」

その時期、タイさんは自分の家族のためだけに奔走していたのではない。非番のときは、ボランティアの医師としてパリやアミアンの難民収容施設に通いつめた。そこにはベトナムからフランスへ逃げてきた難民があふれていた。

「結核にかかっている人がけっこういたね。それからボートのなかでは婦女暴行事件がよくあって、被害にあって精神を病んでしまった女性も多く診ました」

難民にしてみれば、たどり着いた土地にベトナム語を話す医師がいたことはどんなに心強かっただろう。タイさんは休みなしではたらいた。そうすることでしか、やるせない気持ちを紛らわせることができなかった。

タイさんはフランス人女性と結婚したが別れて、いまは十三区の小さなアパートにひとりで暮らしている。一日一本、バナナを食べる。オレンジとキウイも好き。二十八歳になる娘は、ベルギーで文化遺産を守る仕事をしている。

「娘はね、フルートが得意なの」

娘さんのことを、うれしそうに話すのが印象的だった。

最後に訊いた。

「人生で大切なことはなんですか」

「いま、このときを味わうこと」

即答だ。ベトナム戦争とその余波のなかで、そして癌の研究を通して、じつに多くの死を見てきた。だからこそそう思うのだと語った。

「大事なのは将来ではない。いまですよ。いま、この瞬間に大事なものをちゃんと愛することです」

ちょっと寄り道6

泡沫候補《ほうまつこうほ》！

おじさん採集の旅は、終わりに近づいていた。

取材最終日も午後七時をまわり、気がつけば日もとっぷりと暮れている。

「そろそろ切り上げますか」

「そうだねぇ。ワインでも飲みにいくか」

「お、いいですねぇ」

明朝には荷造りをして日本に帰る。パリ最後の夜だ。二週間の取材にずっと付き合ってくれた広岡さんともしばしのお別れ。よーし、パーッと飲みましょう。

わたしたちはすっかり仕事モードを解いて、ほくほくと灯《ひ》ともし頃の路地に迷い込んだ。そのとき、広岡さんが声をあげた。

「あれっ、あの人……」

道の反対側に大柄なおじさんがいて、そのまわりを四、五人が取り囲んでいた。よく見ると、ムービーカメラを構えている人もいる。テレビ番組のロケにしてはこじんまり。ローカル局の散歩番組かな。

「あの人、大統領候補だよ」

なぬ！

わたしがこれまで見てきた大統領候補は、大きなイベントホールや野外ステージの上でピカピカの脚光を浴びて、数千人の熱狂的支持者に囲まれていた。でもあのおじさんは、薄暗い路地で四、五人に囲まれているだけ。いくらなんでも地味過ぎやしないか。

「ま、泡沫候補だけどな」

と広岡さん。日本でいえばマック赤坂みたいな人なのかしら。でもあと数日で投票日なんですけど。どぶ板を歩いている場合なんでしょうか。疑問が噴出するわたしを置き去りにして、広岡さんはズカズカとおじさんに近づいていく。

「せっかくだから、サインしてもらおう」

って、ミーハーか。

広岡さんは、大統領候補に右手を差し出して言った。

「わたしたちはパリのおじさんを取材しています。日本で本を出版する予定なんですが、よかったらサインをください」

わたしは慌てて、取材用のノートとペンを取り出す。大統領候補は、

「おぉ、そうですか。ウィウィ」

とニコニコ笑いながら握手をしてくれた。そしてまったく躊躇《ちゅうちょ》せずにわたしのペンをつまみあげると、ノートにすらすらとサインをしたためる。

日本のジャーナリスト・マキさんへ
ジャン・ラサール

下に十桁の数字を書き添えた。日付かと思ったら、なんと電話番号だった。わはは。通りすがりの人に電話番号を教えちゃう大統領候補って、どうなんだ。

「なにかお聞きになりたいことがあったら、いつでも電話をください」

気さく過ぎる大統領候補は、にっこりと笑って去っていった。

「いやぁ、最後の最後にすごい人に会っちゃったね」

大統領選挙の泡沫候補

ジャン・ラサール

* 身長 1m 92 cm 「ラグビー選手になりたかった」

* 62歳

ワインバーに入ってからも、わたしと広岡さんは興奮冷めやらず。

「あのおじさんは泡沫候補だけどさ、すごい人なんだよ」

広岡さんの解説によると、ラサールさんは一九五五年生まれの六十二歳。ピレネー山脈のふもとの羊飼いの息子として生まれ、二十一歳でその村の村長になった。それから県議会議員、国会議員とのぼりつめていった。

二〇〇六年に地元の工場移転に反対して、国会で三十九日間のハンガーストライキをやって最後は病院に担ぎ込まれた、とか、二〇一三年にはサルコジ内相（当時）が国会で演説している途中に突然立ち上がってピレネー民謡を朗々と歌い出した、とか、エピソードがぶっ飛んでいる。なんで民謡を歌ったのかというと、ピレネー山脈のトンネル警備を廃止しようとしたサルコジへの抗議行動だったらしい。そのときの映像がYouTubeに残っている。ガハハハ、やるなぁ、ラサールさん！

フランス全土五千キロを徒歩で回って民衆の声を聞く、なんて活動もしたらしい。まるでフランスの水戸黄門だ。

二〇一六年、その名も「抵抗しよう（レジストン）」という政治団体を立ち上げて、今回の大統領選挙に出馬した。大統領選挙に出るには五百以上の行政区の首長の推薦が必要で、いくらなんでもそれは無理だろうと見る向きもあった。しかしラサールさんは地方の小さな村の村長さんを中心に支持者を増やし七百八人の推薦を獲得した……。

広岡さんの解説を聞けば聞くほど、うれしくなった。おもしろくて、気骨があって、しかも大統領候補。そんなおじさんに最後に会えるなんて、すばらしいではないか。パリの神様、取材の神様、ありがとう。かんぱーい。

赤ワインをぐびぐび飲みながら、最後の夜は更けていった。

付記。ラサールさんは、大統領選挙で四十三万五三六五票を獲得した。全体の一・二一%。すごいではないか。大健闘ではないか。ちなみに地元ピレネーの村での得票率は六八%。ふふふ。いつか電話してみよう。

金井真紀さんはよく驚く。「アッ」とか「ヘエ」とかしっかり口を開けて声に出す。ただでさえ丸い目がますます真ん丸くなる。こんなリアクションをしてくれれば、話すほうとしてはうれしいものだ。しかも、録音などせずに一生懸命手書きでメモをとる。もの怖じせずに質問を重ねる。おじさんたちも一生懸命に答えないわけにはいかない。会っている時間は短くても、取材のあとにはいつも充実感が残った。

取材後記

初《しょ》っ端《ぱな》は知っているところがいいだろうと、真紀さんが行ったことがあるサッカーのパリ・サンジェルマンのファンの溜まり場カフェに向かった。わかりやすいし、雨露《あまつゆ》もしのげると、イタリー広場のメトロのホームで待ち合わせをした。

アレジア駅でメトロを降りる。むかし、七、八年この界隈に住んでいた。でも、しばらく縁がなくて、この駅の階段を上るのは三十年ぶりだ。サルトルが死んで、トラックかバスかに人が鈴なりになって巨大な山車《だし》のようになっていた追悼デモの記憶がなぜかよみがえった（あとで調べてみると一九八〇年四月、わたしがここに越してきて一年後だった）。

カフェに行ってみると、なんと、そこはわたしが住んでいた通りの角ではないか！　たしか老夫婦がやっていて、ときどきダブル・エクスプレッソとクロワッサンの朝食を食べにきた。あの頃はサッカーチームのステッカーさえない、板張りの古めかしい店だった。ついでに、アパルトマンのあった建物まで行ってみた。そこは前のままだったが、周囲の建物は新しくなっていた。パリもけっこう変わるのである。

すぐ近くに、映画のプロデューサーが小さなスタジオを持っていたことを思い出し、きっといいおじさんになっているだろう、と期待して行ってみた。それらしい建物はあったが、残念ながら、医療関係の団体の看板がかかっていた。記憶違いかなと思いつつ、近所のおばさんにプロデューサーの名前を出して聞くと、「ああよく知ってるわ、でも、かなりまえに引っ越しちゃったわよ」と言う。

こんなんで、ちゃんとおじさんを捕まえられるのかな、とちょっと不安をいだきながら、顔だけは平然として再びメトロに乗った。


二〇一六年の春、EUの歴史と民主主義をテーマにした本を出した。広角レンズで空中撮影したようなはなしだったので、ひと段落したら無性に、徹底的にクローズ・アップしたパリを見たくなった。

ちょうど、ある日本の研究所から「都市インフラの美」というテーマの発表の依頼があったので、資料づくりのためと称して、パリの街角を歩き回っていた。おもしろい発見はあったが、しょせんは外から眺めているだけだった。中にいる人に会いたい……。真紀さんたちと一緒に鴨《かも》を食べたのは、そんな気持ちが充満していたときだった。そのあと、何回かお酒を飲むうちに本書の企画ができあがった。

なぜか、自分ではなしを聞いてみたい、とは思わなかった。むしろ、彼女にやってもらった方がずっといいのではないかという気がした。

その直感に間違いはなかった。パリに長居するおじさんでは当たり前すぎてスルーしてしまうようなこともよく聞いて、そして聞き出してくれた。

本書のテーマは、「パリ」の「おじさん」である。「おじさん」はともかくとして、あいつぐテロ事件があって以来、日本に帰ると、挨拶代わりのように「パリ、大変ですね、大丈夫ですか」と聞かれる。実際、渡航禁止にしている大手企業もある。

たしかに、街のあちこちで軍隊や警察が三人一組になって機関銃を手にパトロールしている姿を見かける。でも、茂みの陰に隠れたテロリストを捜索しているわけではない。あくまでも万が一への備えである。むしろ安全が確保されている証拠だ。でも、そんな物々しい映像を目にすると危険だと思ってしまうのだろう。

ネットだ、ＳＮＳだとテクノロジーがいくら発達したからといっても、正しい情報を伝えるのは至難の業《わざ》だ。

いや「正しい」というと「なにが正しいのか」とツッコまれそうだから、「現実（ありのまま）」と言い換えておこう。いやいや、現実といっても、しょせんはみんなで象をなでているようなもので、一部しか見えない、といわれるかもしれない。

しかし、遺跡から掘り起こされる破片から壺の全体像を再現することができるのも事実だ。ひとつひとつは小さなカケラかもしれないが、うまく全体を想像させる断片を拾い上げることはできるのではないか。

とはいえ、あまりはじめから仕込んでしまっては、固定観念を追認、予定調和させるだけになってしまう。そこで、最低限のおじさんはおさえたものの、あとは、真っ白な真紀さんとテクテク歩きに歩いて、街の雰囲気を感じながら取材を申し込んだ。

あがってきたゲラを見ながら「そうだよ、パリってこうだよ！」と叫びたくなった。

だが、これは、パリの旅日記ではない。パリはあくまでも手段に過ぎない。

この旅は、人間というもの、生きるということの破片を集める旅だった。

広岡裕児

あとがき

酒飲み話の延長でたちあがった「パリのおじさん」企画。出版社の会議をまんまと通ってしまったとき、少し焦《あせ》った。なにしろわたしは、ただのおじさん好きに過ぎない。フランス語ができるわけでもフランス文化に精通しているわけでもなく、パリという街に特別な思い入れがあるわけでもない。む、むむ。

せめてフランスに関する文献を読み込み、広岡さんにインタビューする人を仕込んでもらい、それから取材に出かけた方がいいのではないか。と思っているうちに刊行スケジュールが決まって、はやく取材に行ってこいという展開になった。ええい、ままよ。人生は短い。準備が整ってからやりますなんて言ってたら、何もできなくなる。

結局、勢いだけでパリへ出かけた。広岡さんのご友人が取材に協力してくれた事例はいくつかあったが、基本的には地べたをやみくもに歩きまわるという手法でおじさんを集めた。だから本書に出てくるおじさんの大部分は、たまたま道ばたで出会った人である。

旅の前半は不安だった。もっとおじさんのバリエーションが必要なのではないか。あるいはひとりのおじさんにせめて半日くらい密着して掘り下げるべきではないか。毎晩、広岡さんと別れて、間借りしていた十三区のアパルトマンに戻り、ひとり安ワインをちびちび飲みながら、どうしたものかと頭をひねった。

でも連日おじさんに会っていくうちに、だんだん視界がひらけてきた。どのおじさんも刺激的だ。トホホなはなしがあり、涙がこぼれるはなしがあり、興奮するはなしがある。一見ささやかなエピソードでも、その奥にちゃんと世界が見える。いま、わたしたちが生きているこの世界の断片が。

そうだった。わたしにできるのは、おじさんを集めるところまで。あとはおじさんたちが勝手に語りはじめて、いろんな世界を見せてくれるはず。おじさんを信じて、行くべし。そう開き直って、旅の半ばからは足取りも軽くなった。

終盤になると、さらに心が大きくなった。広岡さんとふたりでパリの路地を歩きながら、

「いままでにない本ができそうだ」

「傑作の予感がしますね」

延々と自画自賛し合っていた。誰も止める人がいないから、自画自賛が止まらないのである。道ばたの犬が、フン、勝手にしやがれ、という呆れ顔でこちらを見ていた（ような気がする）。

日本に戻って原稿とイラストレーションを描く段になると、さすがに自画自賛熱はすっかり冷めた。うまく描けない、いかんいかん、うまく描こうと思うのが間違っている、うーむうーむ、などのおなじみの試行錯誤。それでも、おじさんたちの表情やことばを思い出すと、勇気が出てくるのだった。おじさんたちの向こうに見えた、胸おどる世界の断片を、くそったれの歴史のかけらを、ちゃんと伝えなければ。


そして秋がはじまる頃、整えた原稿を持ってブックデザイナーの寄藤文平《よりふじぶんぺい》さんを訪ねた。すると当代きっての知性派デザイナーは驚くべきことを言い出したのである。

「これは、おじさんの集合体を見せる本じゃなくて、ひとりひとりのおじさんのはなしを伝える本ですね。だから、カバーを十種類くらい作ったらどうでしょう。十人のおじさんの絵を使って、十種類のカバーを作る。それによって、おじさんの多様性を表現するという……」

なんて自由な発想。しかも思いつきが理にかなっている。天才だ。けど。

「このアイデアはぜったいいけますよ。だって誰もやったことないでしょう、そんなこと」

誰もやったことがないのには、理由があるのだ。同じ本のカバーが十種類もあったら、出版流通は大混乱に陥る。それに制作費が十倍かかる。いくらなんでも、無茶だ……。

諦めムードのわたしを尻目に、編集部の竹田純《たけだじゅん》さんと営業部の福江聡《ふくえさとる》さんは奔走した。複数のカバーで出版することはさすがに無理だが、複数の帯ならアリだという。取次と書店にも意見を聞き、四人のおじさんで四種類の帯を作ることになった。かくて前代未聞のおじさん本が誕生したのである。ブラボー。


寄藤さんが、四種類の帯のために四人のおじさんを選んでくれた。それを見て、あぁこれがパリなのだ、と改めて思う。四人のおじさんのルーツは、カリブ海、チュニジア、アルジェリア。肌の色も、宗教も、もちろん職業もばらばらだ。

世界はいろんな色をしている。

そのわくわくする事実を、多くの人に味わっていただけたらと願う。

二〇一七年 どんぐりの頃

金井真紀

〈文と絵〉
金井真紀（かない・まき）
一九七四年、千葉県生まれ。
作家、イラストレーター。 著書に
『世界はフムフムで満ちている
達人観察図鑑』『酒場學校の日々
フムフム・グビグビ・たまに文學』（以上、皓星社）、
『はたらく動物と』（ころから）。
うずまき堂代表（部下は猫二匹）。

〈案　内〉
広岡裕児（ひろおか・ゆうじ）
一九五四年、神奈川県生まれ。
フリージャーナリスト、シンクタンク研究員、
異文化間コンサルタント。 フランス在住。
著書に『皇族』（中央公論新社）、
『EU騒乱』（新潮社）、
『エコノミストには分からないEU危機』
（文藝春秋）など。

パリのすてきなおじさん

二〇一七年十一月十日　第一刷発行
二〇二四年六月二十五日　第十二刷発行

文と絵　金井《かない》真紀《まき》
案　内　広《ひろ》岡《おか》裕《ゆう》児《じ》
発行者　富澤凡子
発行所　柏書房株式会社
東京都文京区本郷二－一五－一三
郵便番号　一一三－〇〇三三
電話　営業　〇三－三八三〇－一八九一
編集　〇三－三八三〇－一八九四
装　丁　寄藤文平＋吉田考宏（文平銀座）
DTP　高井愛（グライド）
印　刷　壮光舎印刷株式会社
製　本　株式会社ブックアート

ISBN978-4-7601-4911-7